DX 시대 리더가 꼭 알아야 할
파운드리 반도체의 세계

DX시대
리더가 꼭 알아야 할
파운드리 반도체의 세계

권영화 지음

**AI, 빅데이터, 자율주행 등 미래 기술의 성장과 함께
주목받는 파운드리 산업의 모든 것!**

반도체 산업의 미래를 결정할 파운드리 전쟁, 그 현재와 미래를 분석하다

- 국회의원 양향자 의원 추천
- 한국반도체산업협회 안기현 전무 추천
- 세종대학교 반도체시스템공학과 김동순 교수 추천
- 인피니언 테크놀로지스코리아 이승수 대표이사 추천

지식플랫폼

추천사

반도체는 우리의 일상생활에 필요한 새로운 기능을 만드는 데 밀접하게 연관되며, 인공지능 기술이 본격적으로 확대되는 4차 산업혁명의 핵심이라고 할 수 있다. 4차 산업의 쌀로도 비유되는 반도체는 우리의 일생생활을 편리하게 할 뿐 아니라 더욱 풍요롭게 만든다. 비록 아직까지 반도체 산업이 불황을 완전히 벗어나지 못하고 있지만, 조만간 반도체 불황이 끝나고 나면 첨단 반도체에 대한 관심은 더욱 늘어날 게 분명하다. 특히 반도체는 한 국가의 운명을 가를 수 있을 정도로 미래의 가장 중요한 산업이라 할 수 있다. 따라서 한국을 비롯한 선진국가에서는 반도체 산업을 키우기 위해 많은 노력을 기울이고 있다.

지금 반도체는 다양한 전자 디바이스에 활용되고 있다. 기존에 이미 사용되고 있는 PC, 모바일과 전자제품뿐 아니라 앞으로 본격적으로 전개될 4차 산업의 다양한 분야에 반도체가 더욱 많이 사용될 것으로 보인다. 특히 인공지능과 차량용 반도체 시장은 경기 불황에도 불구하고 많은 성장을 하였으며 앞으로는 그 성장세가 더욱 가파르게 나타날 것으로 보인다.

본 책에서는 반도체 산업의 한 축을 이루고 있는 시스템반도체를 생산하는 파운드리 분야에 대해 자세하게 다루고 있다. 앞으로 산업의 자동화와 전장화가 가속됨에 따라 시스템반도체 시장이 크게 성장하는 시점에서 파운드리 분야의 중요성은 한층 높아지게 될 전망이다. 이와 같은 상황에서 파운드리 분야를 다루는 책이 나온다는 것에 대해 반가운 마음이 든다. 개인적으로 파운드리 분야에 대해 관심이 많은 상황에서 파운드리 분야의 현황을 보다 자세히 알 수 있는 기회가 되었다.

나아가 권영화 교수는 반도체 공학자는 아니지만 반도체 비즈니스에 대한 많은 지식을 가지고 있다. 본 책에서는 권영화 교수가 반도체 기업에서 근무한 실무 경험과 대학에서 공부한 이론 경험을 바탕으로 파운드리 산업에 대한 구체적인 트렌드와 통찰을 제시하고 있어 독자들에게 많은 도움이 될 것으로 보인다. 최근 반도체 산업은 많은 사람의 관심을 모으고 있으며 삼성전자와 TSMC의 파운드리 경쟁은 누구라도 관심이 있는 주제다. 만약 본 책에서 언급한 파운드리 경쟁에서 삼성전자가 TSMC를 앞서는 날이 온다면 우리나라의 반도체 산업뿐 아니라 경제까지 크게 성장할 것이라는 점은 누구도 부인할 수 없을 것이다.

아무쪼록 본 책을 업계뿐 아니라 학계에 있는 많은 사람이 읽어보기를 바란다. 그리고 개인적으로 우리나라가 전 세계 파운드리 분야를 이끌어나가기를 희망해본다. 또, 앞으로도 권영화 교수가 반도체 산업에 대해 보다 의미 있는 책을 더 많이 출간하기를 기대한다.

세종대학교 반도체시스템공학과
교수 김동순

추천사

　현재 우리가 생활하는 환경을 보면 모든 게 정말 빠르게 변화하고 있습니다. 그리고 이런 빠른 변화의 중심에는 바로 반도체가 있습니다. 반도체는 모든 전자 디바이스에 필수적으로 사용될 수밖에 없기 때문입니다. PC/Notebook의 핵심 부품에서 모바일폰, 가전 그리고 자동차, 나아가 집, 빌딩, 도시를 건설하는 요소 기술로서도 필수적으로 사용되는 핵심 부품으로 자리 잡았습니다.

　특히 반도체의 기술발전으로 인해 우리의 생활이 더욱 편리해지고 있으며 앞으로도 반도체의 기술개발이 이루어져야 세상은 더욱 살기 좋은 환경이 될 수 있습니다. 따라서 디지털 사회의 변화와 저탄소 정책의 구현에 필수요소 기술인 반도체는 대부분의 국가에서 가장 관심이 큰 품목입니다. 뿐만 아니라 미래를 리딩하는 국가에서는 적극적으로 반도체 산업을 육성하고 있습니다. 마찬가지로 우리나라 정부에서도 반도체 산업을 키우기 위해 많은 노력을 기울이고 있으며, 그중에서도 시스템반도체 분야를 성장시키기 위해 다양한 정책을 펼치고 있습니다. 나아가 이 책에서 다루어진 시스템반도체 분야를 성장시키기 위해서 어떻게 파운드리 산업의 생태계를 조성하느냐는 건 기업뿐 아니고 국가에서도 다루어야 할 중요한 과제입니다.

　지금까지도 반도체 산업의 불황이 완전히 회복되지 않고 있지만 조만간 4

차 산업의 본격적인 성장에 따라 반도체 산업은 다시 크게 성장할 것으로 보입니다. 그리고 시스템반도체 시장은 메모리반도체 시장보다 월등히 커질 것으로 예상되기 때문에 시스템반도체를 생산할 수 있는 파운드리 산업을 적극적으로 육성할 필요가 있습니다. 우리나라에서도 시스템반도체를 양산할 수 있는 파운드리 산업이 크게 성장할 수 있어야 진정한 반도체 강국으로 도약할 수 있을 것으로 생각합니다.

이 책의 저자이신 권영화 교수님은 반도체 산업에서의 실무적인 경험뿐만 아니라 이론적인 지식을 바탕으로 파운드리 산업에 대해 다양한 내용을 다루고 있습니다. 특히 교수님의 풍부한 경험과 지식을 바탕으로 반도체 산업, 특히 파운드리 산업의 현황에 대한 다양한 내용을 이해하기 쉽게 설명하고 있습니다. 앞으로 본격적으로 4차 산업의 시대로 나아가기 위한 시점에서 주요 파운드리 기업들의 현황과 특징을 잘 분석하여 설명하고 있어 독자들에게 많은 도움이 될 것으로 생각합니다. 뿐만 아니라 파운드리 산업에 대한 구체적인 분석은 반도체 산업에 관심이 있는 많은 사람에게 깊은 통찰력을 제시하고 있습니다.

지금 반도체 관련 산업에 종사하는 분들과 반도체 산업에 관심 있는 모든 분들에게 이 책을 추천하고 싶습니다.

인피니언테크놀러지스코리아
대표이사 이승수

추천사

 많은 국민이 대한민국은 반도체 강국이며, 세계 시장점유율 1, 2위의 삼성전자, SK하이닉스를 보유하고 있다는 사실에 높은 자긍심을 느낀 적이 있으리라 생각합니다. 하지만, 요즘 대만의 TSMC가 삼성 파운드리를 앞지르고 있다는 소식을 접하면서, 뜬금없이 왜 대만이 자주 언급되는지 의아해하는 분들이 많으리라 판단합니다.
 삼성전자와 SK하이닉스는 메모리 분야에서만 강세를 보이고 있습니다. 반도체는 크게 메모리와 시스템으로 구분되며, 저장 용도로 사용되는 것 외 모든 반도체는 시스템반도체로 AP, CPU, GPU, PMIC 등이 이에 속합니다. 시스템반도체는 메모리반도체에 비해 2~3배의 큰 시장 규모이며, 메모리반도체에 비해 훨씬 고난도의 기술력을 필요로 합니다. 반도체 시장을 좀 더 기능적으로 나누어보면, 설계부터 제조까지 일괄 생산하는 'IDM 기업'(삼성전자, SK하이닉스, 마이크론), 설계 중심의 '팹리스 기업'(AMD, Nvidia, Qualcomm), 설계된 제품에 대한 제조 중심의 '파운드리 기업'(TSMC, 삼성전자, UMC, DB하이텍), 반도체 후 공정 위주의 'OSAT 기업'(ASE, Amkor, 하나 Micron, APACT) 등으로 구분할 수 있습니다. 최근 AI, 자율주행(Autonomous Driving) 분야가 급속도로 발전함에 따라 시스템반도체에 대한 관심도 증가하고 있습니다.
 본 도서는 파운드리 기업 현황, 기술력 및 상·난점을 상세하게 비교 분석함으로써 앞으로 한국 반도체가 나아가야 할 방향을 선명하게 제시하고 있습니다. 특히 요즘 반도체는 전략물자로 분류되면서, 미·중 간의 치열한 반도체 전쟁 및 아시아에 집중되어 있는 반도체 제조기업의 리쇼어링 정책이 진행되고 있습니다. 본 도서는 한국반도체 업계가 어떻게 생존해야 하는지에 대한 깊은 배경 설명으로, 앞으로의 전략 수립에 많은 도움이 되리라 생각합니다.

이제 중국 시장은 더 이상 우리에게 더 많은 수출의 기회를 제공하지 않으며, 원자재 수입 급증으로 무역수지 역조는 더욱 가속화되리라 생각합니다. 예전처럼 우리가 반도체를 중국에 공급하면 중국이 완성품을 만드는 방식이 아닙니다. 이미 중국은 반도체 굴기를 통해 부품부터 완성품까지 일괄 생산 체계를 구축함으로써 우리의 경쟁자로 변모하고 있습니다. 이런 위기 속에 우리의 젊은 우수 인재는 공대보다는 의대를 선호하는 현실에 처해 있습니다. 우리나라가 반도체 초강국으로 거듭나기 위해서는 국가정책 기관, 학계, 기업이 연계하여 우수인력이 끊임없이 공급될 수 있도록 생태계를 조성하는 게 무엇보다 중요합니다.

특히 공정 미세화에 따른 막대한 투자와 수율의 한계 때문에 첨단 패키지(Advanced Package)에 대한 관심이 집중되고 있습니다. 한 예로 현재 엔비디아에 공급되는 SK하이닉스의 HBM이 시장 지배력을 바꿔놓고 있습니다. 우리나라는 일본으로부터 메모리반도체 패권을 넘겨받았지만, 우리가 조금이라도 방심하는 순간 반도체 강국의 신화는 화려했던 과거의 기억으로 남을 수 있습니다. 세계 반도체 시장에서 대한민국이 지속적인 우위를 확보하기 위해서는 우수한 인재 육성과 팹리스 설계 업체의 요구를 적시에 대응하기 위한 국내 파운드리 기업의 발전이 필요합니다. 나아가 첨단 패키지 개발 능력과 OSAT 기업의 유기적인 생태계 조성도 무엇보다 중요합니다. 이 도서는 파운드리 기업의 태생부터 기업이 가지는 의미, 생태계 구축의 중요성과 효과, 시장 전망까지 한번에 이해할 수 있도록 방대한 자료가 일목요연하게 정리되어 있습니다. 반도체에 관심이 있는 분들의 지식 향상 및 기업 전략 수립에 많은 도움이 되리라 판단되어 적극 추천드립니다.

APACT
대표이사 이성동

추천사

본 서적은 반도체 산업에서 많은 경력을 쌓았던 권영화 교수님이 파운드리 반도체 산업의 역학 구도와 관련 생태계, 나아가 각국의 정책 등을 포괄적으로 다룬 이 시대의 실용적 양서(良書)라고 할 수 있다. 나아가 본 저서는 단순히 정보의 전달에 그치는 게 아니라, 권 교수께서 애정을 담아 삼성전자 파운드리 사업부를 포함한 우리나라 파운드리 기업과 팹리스 기업의 발전을 위한 전략적 제언을 하고 있다. 뿐만 아니라 정부와 관련 기관에는 정책을 제안하고 있어 반도체 산업 종사자와 다양한 이해관계자를 포함한 우리나라 반도체 산업에 대해 애정이 있는 분이라면 필독하기를 권장드리고 싶다. 전 세계 반도체 시장은 관련 시장 통계가 작성되기 시작한 1980년 이후 현재까지 중장기적으로 전 세계 경제성장률을 상회하는 성장을 기록하였다. 복수의 시장조사 기관에 따르면 2022년 반도체 시장은 약 6,000억 달러 규모였으며, 전 세계 GDP 총액은 약 100조 달러로 반도체가 전 세계 경제에서 차지하는 비중은 얼핏 1%가 안 되는 것으로 보인다. 하지만 실제 반도체가 전 세계 수많은 가구, 기업 그리고 국가경제에 미치는 영향은 굳이 복잡한 경제 파급효과 모델로 분석하지 않아도 될 정도로 이미 우리의 일상에 깊숙이 자리 잡고 있음을 인정할 수밖에 없다. 비근한 예로 스마트폰이나 OLED 타입의 대화면 고화질 TV와 같은 민생용 세그먼트(Segment)에서 나아가 태양광 같은 신재생에너지 분야는 물론이고 우리의 이동을 담당하는 자동차까지 실로 반도체 없이는 세상이 돌아가지 않는다. 지난 2021년, 22년 그리고 23년 상반기까지 특히 자동차용 반도체의 부족은 신차의 구입 대기 기간을 길게는 1년 이상으로 늘리기도 하였다. 실제 내연기관(Internal Combustion Engine)차의 경우 반도체가 최소 수백 개, 높은 수준의 자율주행 기능이 가능한 전기차(EV)에는 반도체가 최소 1,000여 개 이상 필요한 것으로 추정되고 있다. 오스트리아 출신 경제학자 조셉 슘페터(Joseph Schumpeter)는 '창조적 파괴(Creative Destruction)'의 개념을 통해 발명을 위한 연구, 혁신을 위한 개발 그리고 상품화의 단계를 통해 혁신적 기업가가 이윤을 창조한다고 주장하였다. 지금 우리의 삶과 떼려야 뗄 수 없는 반도체보다 대경제학자의 이 선구적인 개념을 현실에서 더 강력히 가능케 하는 솔루션이 있을 수 있을까 하는 의문이 든다. 국내 삼성전자와 SK하이닉스로 대표되는 메모리반도체는 물론이고 AI, 모바일, 이동통신, IoT(Internet of Things), 클라우드컴퓨팅, 자동차 등에 메모리반도체보다 더 규모가 큰 각종 시스템반도체의 지속적 수요 증가는 의심의 여지가 없다. 그리고 수요증가가 당연시되는 시스템반도체를 개발 및 생산하기 위한 생태계의 구축과 기반 시설로서 파운드리 기업 활용의 중요성은 개별 기업 차원을 넘어 국가경제에도 영향이 있음을 간과할 수 없다(실제 수출주도형 경제를 표방하는 우리나라의 2022년 수출액 약 6,840억 달러 중 반도체 수출액은 약 1,290억 달러이며 반도체를 포함한 전체 ICT 수출액은 약 2,330억 달러에 달한다.). 특히 우리나라는 메모리반도체가 전체 반도체 수출액 중 차지하는 비중이 60%에 육박하여 메모리반도체에 대한 의존도가 여전히 개선되지 않고 있다. 그나마 삼성전자 파운드리 덕분에 겨우 글로벌 시스템반도체 시장에서 모양새를 잃지 않고 있다(2022년 기준 우리나라는 전 세계 파운드리 시장의 17.3%를 점유하고 있다.). 현재 전 세계는 반도체 전쟁 중이다. 미국, 중국, 일본, 대만, 유럽 등 각국은 자국 내에 반도체 공급망 강화를 통한 미래기술 확보를 위해 정책적인 지원(예, 미국의 'CHIPS for America Act' 및 Re-shoring 정책, 중국의 2015년 '반도체 굴기' 이후 지속적인 세제 혜택 강화, 일본의 반도체 패권 경쟁 재도전을 위한 각종 보조금 증대 등)을 진행 중이다. 그리고 주요 글로벌 반도체 기업은 M&A와 대규모 투자를 통해 미래시장 선점에 집중하고 있다. 반도체 산업의 꾸준한 성장과 미·중 간 기술 패권 경쟁의 시작으로 반도체를 포함한 소부장에 대한 글로벌 통제가 지금보다 더 강화된다면, 한 국가의 다양한 첨단산업의 경쟁력 및 경제, 안보 수준에 보다 강하게 영향을 미칠 게 틀림없다. 전술한 관점에서 이미 글로벌 1위를 차지하는 메모리반도체는 차치하고 시스템반도체의 중요성은 더 강조할 필요조차 없는데, 우리나라 그리고 관련 기업들은 과연 어떤 대응 준비를 하고 있는지 의문이 든다. 각국의 반도체 산업 강화에 대응하여 파운드리 및 팹리스(디자인 하우스와 IP 분야 포함) 간 생태계를 보다 공고히 구축하고, 파운드리 기업의 개발 및 생산 역량 강화를 위해 충분한 대응을 하고 있는가, 만약 하지 못했다면 우리는 TSMC를 위시해 리드하는 글로벌 파운드리 기업들로부터 어떠한 교훈을 얻을 수 있을까? 이에 대한 해답이 본 저서에 충실히 담겨 있다. 그동안 우리나라 반도체 산업의 발전을 위해 강의활동과 다양한 저작활동을 해온 권영화 교수께서 이번에도 매우 실용적인 양서를 소개하고 있다. 파운드리 산업을 제대로 이해하기 위해 다른 누구보다 우리나라 파운드리 기업과 팹리스 기업의 임직원 그리고 관련 부서의 공무원들께서는 시간을 들여서라도 본 저서를 정독하시길 권한다.

(주)글로벌테크놀로지
영업본부장 김진(경영학 박사)

추천사

　반도체 산업은 개별 기업을 넘어서 국가의 미래 경쟁력을 결정할 수 있는 중요한 요인이며, 이에 강대국들의 패권 다툼이 치열하다는 사실은 언론을 통해서 많이 접하고 있습니다. 우리나라는 메모리반도체 분야에서 세계 1위를 굳건히 지키고 있으며, 시스템반도체 분야는 향후 세계 선도 수준으로 도약하기 위해서 기업체와 국가가 합심하여 대규모 투자를 단행하고 있습니다. 따라서, 반도체 산업이 우리나라의 국가 경쟁력과 직결된다고 해도 과언이 아닙니다.

　최근 우리는 반도체 기술의 치열한 경쟁으로 인하여 크게 발전하고 있으며, 이에 따라 디지털화가 급속히 진행되어 삶의 환경이 급격히 변화하고 있습니다. 특히, 미래 기술에서의 주요 화두인 AI, GPU, 자율주행, 공간 컴퓨팅 등에서는 반도체가 핵심입니다. 반도체 기술은 인류 역사상 가장 눈부시게 발전하여, 그 중요성은 산업적으로는 물론이고 인류의 거의 모든 분야에 막대한 영향을 미치고 있습니다.

　이 책은 반도체를 제조하여 생산하는 파운드리 산업에 관한 것으로, 최근 TSMC, 삼성전자, 인텔이 사활을 걸고 치열하게 패권 다툼을 하고 있음은 모두가 인지하는 일일 겁니다. 파운드리 산업은 관련 회사들의 생태계가 매우 복잡하고 기술적으로 어려우며, 각 나라의 정치적, 지정학적, 산업적, 군사적

이해관계 또한 얽혀 있습니다. 또한, 주요 정보들 대부분이 영업 비밀에 속하기 때문에 관련 자료들을 모아서 이를 체계적으로 정리하기란 매우 어려운 작업입니다.

이 책의 저자 권영화 교수님은 산업체와 학계에서의 풍부한 지식과 경험을 바탕으로 오랫동안 축적된 자료를 기반하여 파운드리 산업에 대한 역사 및 현황을 체계적으로 설명하셨고, 기업들의 경쟁력 및 향후 전망을 제시하셨습니다. 이 책을 접하면서 가장 유익했던 건 반도체 분야가 너무 광범위하여 내가 잘 모르던, 평소 궁금했던 내용에 대한 현황 소개가 매우 잘 되어 있다는 점입니다. 이에 반도체 산업의 전반적인 동향 파악에 매우 도움이 되었습니다.

이 책을 반도체 관련 업계에 종사하는 산학연 분들에게 꼭 추천하고 싶으며, 특히 반도체 산업계의 글로벌 동향 및 향후 전망에 관심이 큰 분들, 파운드리 및 반도체 시장에 대해 지식이 필요한 모든 분들에게 추천하고 싶습니다. 마지막으로, 이 책의 집필을 위하여 갖은 애를 쓰신 권영화 교수님께 감사의 말씀을 전합니다.

세종대학교 컴퓨터공학과 교수
엑사리온(주) 대표이사 박우찬

프롤로그

지금 같은 4차 산업 시대에 반도체 산업은 다양한 산업의 근간이 되고 있다. 현재 반도체는 기존 전통산업을 포함한 많은 산업에서 비즈니스에 활용되고 있다. 대부분의 산업에서 이미 ICT(Information & Communication Technology) 기술이 접목되고 있을 뿐 아니라 ICT 기술을 접목하지 않는 기업은 생존하기가 어렵기 때문이다. 이와 같은 추세는 앞으로 더욱 강화될 수밖에 없다. 가까운 미래에는 AI 기술을 활용하지 않고서는 어떤 산업에서의 기업도 비즈니스를 영위하기 어렵게 될 게 분명하다. 따라서 앞으로 반도체는 다양한 산업의 ICT 분야에 활용되는 경우가 더욱 늘어날 수밖에 없다.

이와 같은 상황에서 반도체 산업이 성장해야 다른 다양한 산업도 같이 성장할 수 있기 때문에 반도체 산업은 한 국가의 발전에도 대단히 중요한 역할을 하게 된다. 이는 많은 국가가 반도체 산업을 적극적으로 육성하는 이유이기도 하다. 특히 최근 반도체 산업의 중요성은 더욱 강조되는 분위기다. 지금 국가마다 반도체 산업을 육성하기 위해 적극적으로 지원책을 발표하고 있다. 국가마다 자국의 부족한 부분을 채우기 위해 해외 반도체 기업들을 유치하려는 경쟁도 거의 전쟁 수준으로 진행되고 있다. 미국과 중국은 서로 치열한 반도체 전쟁을 치르면서 그 어떤 나라보다 적극적으로 반도체 제조업을 키우고 있다. 그리고 미·중 간의 반도체 전쟁의 중심에 파운드리(Foundry) 산업이 있다. 이미 모든 국가가 파운드리 산업에서 앞서 나가게 되었을 때 진정한 반도체 강국이 가능하다는 사실을 알게 되었기 때문이다.

나아가 미국과 중국뿐만 아니라 다른 많은 국가도 반도체 산업의 다양한 분야 중에서도 파운드리 산업을 육성하기 위해 발 벗고 나서고 있다. 파운드리 산업은 시스템반도체 분야의 핵심 산업이기 때문이다. 다시 말하면 파운드리 산업이 성장해야 시스템반도체 분야가 살아날 수 있는 것이다. 특히 반도체 산업이 점점 전문화되는 지금 같은 시대에는 파운드리 산업이 성장해야 팹리스 기업들도 자연스럽게 성장할 수 있는 환경이 조성될 수 있다.

앞으로도 파운드리 산업의 중요성은 더욱 커질 것으로 보인다. 본 책에서는 파운드리 분야를 위주로 반도체 산업을 알아보겠다. 특히 파운드리 산업의 중요성은 아무리 강조해도 지나치지 않다. 이는 많은 국가가 파운드리 산업을 육성하기 위해 노력하는 것만 보아도 알 수 있다. 반도체 산업의 전문화가 심화될수록 파운드리 산업의 중요성은 더 커질 수밖에 없다. 특히 IDM(Integrated Device Manufacturer) 기업의 팹라이트(Fab-Lite), 빅테크(Big Tech) 기업의 자체 반도체 설계와 완성차 기업들의 반도체 내재화 등으로 인해 파운드리 수요는 더욱 커지고 있다. 그리고 기존 팹리스(Fabless) 기업들의 칩 설계의 증가뿐만 아니라 신규 팹리스 기업의 시장진입 등도 파운드리 수요를 더욱 가속화하는 요인이다.

한편 이미 언급한 바와 같이 파운드리 분야는 반도체 산업의 핵심이다. 파운드리 기업은 주로 시스템반도체를 팹리스 기업으로부터 위탁받아 생산하지만, 일부 파운드리 기업들은 메모리반도체도 위탁받아 생산하는 경우가 있다. 다시 말하면 파운드리 기업은 고객의 수요가 있다면 어떤 반도체도 생산할 수 있는 것이다.

반도체 산업이 성장하려면 생태계의 조성이 무엇보다 중요하다. 즉 반도체 산업에서 한 개의 기업이 칩을 생산하기 위해 업무를 전담하여 칩을 완성하기까지 모든 분야에서 기술 난이도가 이미 너무 높아졌을 뿐만 아니라 비용도 너무 커졌다. 따라서 어느 한 국가에서 반도체 산업을 키우려면 파운드리 기업이 중심이 되어 EDA(Electronic Design Automation), IP(Intellectual Property), 디자인 하우스(Design House), 클라우드(Cloud) 그리고 OSAT(Outsourced Semiconductor Assembly and Test) 기업 같은 파트너(Partner) 기업과 협력할 수 있는 생태계(Ecosystem)를 조성해야 한다. 나아가 파운드리 기업이 소부장(소재, 부품, 장비)과 팹리스 기업과도 굳건한 협력관계를 구축해야 사업이 성장할 수 있다.

따라서 파운드리 기업이 성장하려면 충분한 시간적 여유를 가지고 지속적으로 파트너 기업들과 신뢰를 쌓아가면서 서로 공생할 수 있는 공고한 생태계를 구축하는 데 많은 노력을 기울여야 할 것이다.

그럼 본문에서 파운드리 산업이 어떤 특징이 있고 지금 어떤 상황에 있는지, 나라마다 파운드리 기업이 어떤 활동을 하는지, 그리고 파운드리 기업의 미래가 어떤 식으로 펼쳐질지 등에 대해 구체적으로 알아보도록 하겠다.

목차

추천사   2

프롤로그   14

Chapter 1 / 파운드리의 개요

파운드리 비즈니스 모델의 생성 배경   27

반도체 산업에서 파운드리 기업이 가지는 의미   30

파운드리 사업의 높은 진입장벽   33

선진국가에서 파운드리 사업에 목숨을 거는 이유   36

Chapter 2 / 삼성 파운드리와 TSMC의 치열한 경쟁

삼성 파운드리의 현황   46

TSMC의 현황   52

삼성 파운드리와 TSMC의 비교   56

미래의 승자는?   64

Chapter 3 / 새로운 경쟁자의 등장

인텔 파운드리 서비스(Intel Foundry Services)   75

라피더스(Rapidus)   79

앞으로 첨단공정 파운드리의 경쟁구도   84

Chapter 4 / 기타 파운드리 기업 현황

UMC(United Microelectronics Corporation)　93
글로벌파운드리스(Globalfoundries)　96
SMIC(Semiconductor Manufacturing International Corporation)　99
SK하이닉스 파운드리　102
화홍반도체(HuaHong Semiconductor)　105
DB하이텍　108
타워반도체(Tower Semiconductor)　111
VIS(Vanguard International Semiconductor Corporation)　114
PSMC(Powerchip Semiconductor Manufacturing Corporation)　117

Chapter 5 / 화합물 반도체 파운드리의 현황

화합물 반도체의 종류　126
화합물 반도체 파운드리가 주목받는 이유　128
화합물 반도체 파운드리의 시장 현황　131

Chapter 6 / 파운드리 생태계

파운드리 생태계의 중요성　139
파운드리 생태계의 주요 기업들　142
팹리스 기업과 파운드리 기업의 공생　146
파운드리 생태계 구축의 효과　149

Chapter 7 / 파운드리 기업의 경쟁력

공정 미세화 능력　157
다양한 IP의 보유　160
디자인 하우스의 영업력　163
패키징 능력　166
가격 경쟁력　169

Chapter 8 / 파운드리 산업의 인재 전쟁

파운드리 산업에서 인재의 중요성　177

파운드리 산업에서의 인력난　180

파운드리 인재의 주요 공급원　183

각국의 파운드리 인재 유치 전략　185

Chapter 9 / 전 세계 파운드리 팹 건설 붐

미국　202

한국　204

대만　206

중국　209

일본　212

EU　214

Chapter 10 / 파운드리 시장 전망

파운드리 시장 현황　222

8인치 파운드리 시장　225

성숙공정 파운드리 시장　229

첨단공정 파운드리 시장　232

각 파운드리의 주요 제품과 타깃 애플리케이션(Target Application)　235

에필로그　239

1 Chapter

파운드리의 개요

- ▶ 파운드리 비즈니스 모델의 생성 배경

- ▶ 반도체 산업에서 파운드리 기업이 가지는 의미

- ▶ 파운드리 사업의 높은 진입장벽

- ▶ 선진국가에서 파운드리 사업에 목숨을 거는 이유

'파운드리(Foundry)'라는 말의 어원은 금속과 유리 등을 녹여 제품을 만드는 주조공장을 가리키는 말에서 유래하였다. 이 말이 발전되어 반도체 산업에서 쓰이게 되었는데, 반도체 산업에서 파운드리는 생산만을 전담하는 것을 의미한다. 물론 파운드리 기업은 자체적으로 공정을 개발하거나, 혹은 아날로그 반도체를 제외한 주로 50nm 이하 반도체의 IP를 개발하는 등으로 제조 역량을 강화하기도 한다. 거의 누구나 한 번쯤은 들어봤을 TSMC가 대표적인 파운드리 기업이다. TSMC는 파운드리 사업을 최초로 창안한 기업이지만 그 전에 파운드리 형태의 비즈니스가 없었던 건 아니다. IDM(Integrated Device Manufacturer, 종합 반도체 업체) 기업이 고객의 생산 위탁을 받아 칩을 만드는 경우가 있었기 때문이다. 하지만 위탁제조를 전문으로 하는 사업은 TSMC가 처음이었다.

파운드리 형태의 종류는 크게 2가지로 나눌 수 있다. 먼저 파운드리 사업만 전문적으로 운영하는 '순수 파운드리(Pure Foundry)'가 있다. 순수 파운드리는 오직 파운드리 사업만 운영하기 때문에 고객과 사업 측면에서 겹치는 일이 없다. 따라서 고객은 안심하고 순수 파운드리 기업에 설계자산을 맡길 수 있다. 다음으로는 'IDM 파운드리 기업'이 있다. 이런 경우 고객과 사업이 겹치는 경우가 많기 때문에, 고객 입장에서는 설계자산을 파운드리 기업에 맡기는 데 있어 불안할 수 있다. 따라서 순수 파운드리 기업인 TSMC가 IDM 파운드리 기업인 삼성 파운드리보다 유리한 면이 있는 게 사실이다. 하지만 삼성전자는 내부에 팹리스(시스템 LSI) 사업부가 있기 때문에 설계 능력이 부족한 고객에 맞춤 설계 서비스도 제공하는 경우가 있어서, TSMC보다 유리할 때도 있다. 이런 업무는 커스텀 SoC(System on Chip)팀에서 담당하고 있다.

한편 반도체 산업에서 무어의 법칙(Moore's Law)과 칩의 다양한 종류로의 발전으로 인해 한 개의 기업에서 설계, 제조와 패키징을 진행하기에 어려운 점이 있으며, 그로 인해 지금은 파운드리 산업이 보편화되었다. 특히 칩의 미세화로 인해 설계가 복잡해지고 비용이 증가하면서 파운드리 기업에서 제조하는 게 더 효과적이라는 인식이 고객으로부터 생기게 되었다. 과거 시스템반도체 분야의 IDM 기업인 인텔이 14nm 공정에서 5년 이상 미세화를 진전시키지 못한 것을 보면 설계와 제조를 동시에 진행하는 게 얼마나 어려운 일인지 알 수 있다. 지금까지도 많은 IDM 기업이 팹라이트라 불리는 형태, 즉 자체 팹을 두고 다른 기업의 팹에 맡기는 경우가 늘어나고 있다. 이는 첨단공정의 팹을 건설하는 것에 대한 리스크가 크기 때문이다(그럼에도 불구하고 IDM 기업은 핵심제품에 대해서는 인하우스(In-house)로 진행하려는 경향이 강하다.). 특히 최근 12인치 팹을 한 개 건설하는 데 드는 비용이 15조 원 정도 되고 있다. 만약 어떤 기업이라도 이런 비용을 투자하고 나서 팹의 운영이 제대로 이루어지지 않는다면, 기업은 도산할 수밖에 없다. 이런 이유로 인해 설혹 자본이 충분하더라도 함부로 팹을 건설하지 못하는 것이다. 결과적으로 사업을 전문화하면 그나마 비용을 절약할 수 있고 모든 자원을 핵심역량을 강화하는 데 활용할 수 있게 된다. 이런 점은 파운드리 사업도 마찬가지다.

파운드리는 크게 2가지 종류의 기업이 있다(정확히는 3가지지만 이에 대해서는 책의 후반부에서 자세히 설명하도록 한다.). 먼저 성숙공정으로 칩을 제조하는 파운드리 기업이다. 일반적으로 성숙공정이라고 하면 정확한 기준은 없지만 보통 EUV(Extreme Ultra-Violet) 공정을 쓰지 않고 칩을 제조하는 것을 말한다. 대표적으로 차량용 반도체를 생산하는 공정이 여기에 해당이 된다. 물론 최근 차량용 반도체도 인포테인먼트(Infotainment)와 ADAS(Advanced Driver Assistance Systems) 부문에는 EUV 공정을 활용한 고성능 칩이 사용되기도 한다. 하지만 일반적으로 대부분 20nm 이상의 공정에서 차량용 반도체를 생산한다. 예를 들면 전력반도체, 이미지센서(CIS: CMOS Image Sensor)와 MCU(Micro Controller Unit) 등이며 주로 8인치 웨이퍼에서 생산되고 있다. 물론 12인치 웨이퍼로 생산하는 기업들도 있으며, 파운드리 기업의 대부분이 성숙공정을 진행하고 있다.

다음은 EUV 공정을 사용하는 파운드리 기업이다. EUV 공정은 주로 7nm 이하 반도체를 생산할 때 쓰이는 공정이다(중국 SMIC에서 멀티 패터닝(Multi Patterning) 방식으로 DUV(Deep Ultra Violet) 장비를 사용하여 7nm 칩을 생산한 경우가 있으나 이는 지극히 예외적인 경우다.). 현재 TSMC, 인텔 파운드리와 삼성 파운드리밖에 할 수 없는 공정이다. 기본적으로 EUV 장비 가격만 해도 2,000억 원이나 되고 공정기술 수준도 상상 이상으로 높아 진입장벽이 있기 때문이다. 따라서 EUV 공정의 파운드리는 서비스 가격이 높을 수밖에 없으며 주로 AP(Application Processor), CPU(Central Processing Unit), GPU(Graphic Processing Unit)와 AI(Artificial Intelligence) 반도체 등 성능이 우수해야 하는 칩을 제조할 때 많이 사용된다.

파운드리 기업의 성패는 주로 고객의 니즈(Needs)에 얼마만큼 빠르게 대응할 수 있느냐에 따라 결정된다. 팹리스 기업도 파운드리 기업에 주문을 맡길 때 다양한 요소를 고려할 수밖에 없다(특히 대형 팹리스 기업일수록 요구조건도 까다롭다.). 그들도 세트(시스템) 고객의 니즈에 적합한 칩을 제공해야 생존할 수 있기 때문이다. 그리고 규모가 작은 팹리스 기업은 파운드리 기업에 줄 수 있는 주문량이 적다. 따라서 규모가 작은 팹리스 기업보다 파운드리 기업의 협상력이 강한 게 일반적이다. 나아가 파운드리 시장이 고속성장하는 상황에서 파운드리 시장의 진입장벽이 높은 반면, 팹리스 시장의 진입장벽은 낮은 편이다. 따라서 파운드리 기업이 팹리스 기업보다 갑의 위치인 경우가 많다. 특히 최근 반도체 산업의 성장에 따라 팹리스 기업들이 많이 생기는 상황이다.

한편 파운드리 기업은 독자적으로 모든 것을 스스로 진행할 수 없다. 철저한 분업화 시스템에 의해 업무가 진행된다. 따라서 파운드리 기업은 오직 제조역량에 집중하고 나머지 부분은 파트너십으로 다른 기업들과 협력해야 한다. TSMC가 성공할 수 있었던 것도 바로 이런 협력의 생태계를 잘 구축하였던 덕분이다. 과거 삼성 파운드리는 생태계 조성을 위해 노력하지 않고 모든 부분을 내재화와 수직계열화하려 하였다. 그러다 보니 역량이 분산되었을 뿐만 아니라 시너지가 발휘되기도 어려운 환경이었다. 하지만 현재 삼성 파운드리도 TSMC와 마찬가지로 생태계의 조성이 중요하다는 사실을 깨닫고 파운드리 생태계 조성에 온 힘을 기울이고 있다.

파운드리 비즈니스 모델의 생성 배경

파운드리 비즈니스 모델은 모리스 창(Morris Chang)이라는 중국인에 의해 창안되었다. 25년간 TI(Texas Instruments)에서 근무한 경험이 있는 그는 능력을 인정받아 부사장까지 오른 입지전적인 인물이다. 그는 회사 재직 중인 1964년 회사의 지원을 받아 스탠포드 대학교(Stanford University)에서 공학박사까지 마쳤지만, 최고책임자의 지위에 오를 수 없다는 한계를 느끼고 결국 TI를 사직하였다.

그는 재직 당시 많은 엔지니어와 교류할 수 있는 기회가 있었는데, 당시 많은 엔지니어가 회사를 떠나 자신의 회사를 만들고 싶어 했다. 그 당시 엔지니어가 자신의 반도체 기업을 만들려면 칩을 설계하고 난 후 제조해야 하기 때문에 팹이 필요하였다. 하지만 대부분의 엔지니어는 팹을 가질 수 있을 만큼의 자금이 없었다. 따라서 회사를 나와 자신의 반도체 기업을 만드는 게 쉽지 않았다. 그때 모리스 창은 팹을 만들어서 그들이 회사를 나와 창업할 때 대신 칩을 제조해주는 사업을 한다면 성공할 가능성이 높겠다고 생각했다.

하지만 모리스 창은 당시 회사를 그만두고 파운드리 사업을 바로 실현할 수 있는 상황이 아니었다.

어느덧 시간이 지나 모리스 창은 TI를 떠나고 나서 몇 년이 흐른 후 대만에서 반도체 사업을 육성하려던 대만 정부로부터 스카우트(Scout) 제의를 받고 대만으로 가게 되었다. 벌써 그의 나이가 50세가 넘은 때다. 그는 대만 정부의 간곡한 요청으로 산업기술연구소(ITRI, Industrial Technology Research Institute)의 원장에 취임하면서 TSMC를 설립했다. TSMC를 설립하면서 필요한 자금을 투자받으려 TI에 근무하면서 알게 된 기업들을 대상으로 투자유치 활동을 하기도 하였다. 결과적으로 네덜란드 기업인 필립스(Philips)와 대만 정부, 개인투자자가 출자하여 1987년 회사를 설립할 수 있었다. TSMC는 어떤 비즈니스 모델로 사업을 시작해야 성공 가능성이 높을지에 대해 많은 고민을 하였다. 당시 대만은 반도체 사업을 키우는 데 필요한 장점이 거의 없었다. 하지만 당시 미국은 인건비가 높고 반도체 제조를 위한 여건이 좋지 않아 팹을 아시아 지역으로 이동시키는 분위기였기 때문에, 반도체 제조에 대한 입지만큼은 비교적 좋은 때였다.

나아가 반도체 제조 분야라면 굳이 설계기술이 필요하지 않고, 고객으로부터 설계 도면만 받아 생산하면 되었으며, 영업능력도 그리 중요하지 않았다. 당시 반도체 제조기술은 지금과 같이 높은 수준의 기술이 필요하지 않았기 때문에 자본만 충분하다면 할 수 있을 것으로 보였다. 뿐만 아니라 파운드리 기업에 비해 팹리스 고객이 많으면 굳이 영업할 필요도 없을 것으로 생각되었다.

따라서 자본만으로 비교적 어렵지 않게 시작할 수 있는 비즈니스인 파운드리가 적합할 것으로 보였다. 아울러 그는 기존과 같은 사업방식으로 거대한 반도체 기업들과 경쟁해서는 승산이 없을 것이라는 사실도 알고 있었다. 반도체 제조 분야 사업을 전문적으로 운영하더라도 나중에 반드시 새로운 고객이 지속해서 생겨날 수 있을 것으로 생각하였다. 뿐만 아니라 반도체 제조 분야를 전문적으로 진행하는 게 사업적으로 가능한지 다양한 방법을 통해 검증하면서, 사업성이 충분하다는 결론에 이르게 되었다.

하지만 모리스 창으로서도 파운드리 사업을 새롭게 시작하는 게 쉬운 일은 아니었다. 우선 사업을 위해 자금을 모으는 일이 만만치 않았다. 수없이 많은 기업에 투자를 요청하기 위해 엄청난 노력을 기울였지만, 파운드리 사업이 성공할 것이라 생각한 기업들이 거의 없었기 때문에 쉽지 않았다. 우여곡절 끝에 모리스 창은 자금을 모아 세계 최초로 파운드리 사업을 시작할 수 있었다. 하지만 사업 초기 파운드리 서비스를 원하는 고객을 찾는 것조차 쉽지 않은 일이었다. 그런 상황 속에서 다행스럽게 IDM 기업이 고객이 되어주었다. 그들은 제조 물량이 넘쳐나 도저히 해결할 수 없거나 비용을 절감하기 위해 TSMC에 칩의 위탁생산을 맡기곤 하였다. 따라서 당시 초창기 몇 년 동안 TSMC는 IDM 기업의 주문으로 근근이 버티는 수준을 벗어나지 못했다. 하지만 1990년 초부터 정말 반도체 사업을 하고 싶어 하는 엔지니어들이 회사를 나와 창업하면서 북미 지역을 중심으로 팹리스 기업들이 많이 생기기 시작하였다. 이때부터 TSMC는 이들을 고객으로 맞이할 수 있었으며 파운드리 사업도 순탄하게 성장하기 시작하였다.

결과적으로 TSMC의 파운드리 사업은 지속적으로 성장할 수 있었으며 TSMC가 성장하면서 UMC와 같은 경쟁 기업도 생기기 시작하였다. 특히 TSMC는 파운드리 사업에서 한 번도 다른 기업에 1위를 내주지 않았으며 TSMC를 통해 파운드리 산업이 반도체 비즈니스의 중요한 하나의 축으로 자리를 잡게 되었다.

반도체 산업에서
파운드리 기업이 가지는 의미

반도체 산업에서 파운드리 기업의 역할은 매우 중요하다. 최근 다른 산업과 마찬가지로 반도체 산업에서도 전문화가 빠르게 진행되고 있기 때문에, 제조 전문 기업인 파운드리 기업의 성장세도 가파르게 상승 중이다. 특히 파운드리 사업은 자본이 많이 드는 사업인 만큼 쉽게 진입하기 어려워 진입장벽이 지속적으로 높아지고 있다. 최근 팹을 한 개 건설하는 데 들어가는 비용도 천문학적인 수준에 이르고 있다. 미세화가 진행될수록 이에 따른 투자비용도 급격하게 증가할 수밖에 없다.

나아가 미세공정의 빠른 발전은 전문화 속도도 더욱 가속시키고 있다. IDM 기업이라면 설계, 제조, 패키징과 테스트를 모두 진행해야 하기에 비용이 더욱 많이 든다. 얼마 전까지 EUV 공정을 사용하는 시스템반도체 분야의 IDM 기업은 인텔뿐이었다. 시스템반도체 분야의 IDM 기업 중 최강자였던 인텔마저도 설계와 제조를 동시에 진행하다 보니, 제조 분야에서 TSMC와 삼성 파운드리에 밀리게 되었다.

한편 파운드리는 생태계를 조성하는 사업이므로 관련 반도체 기업들의 성장도 동반하게 된다. 이런 예는 대만을 통해서도 쉽게 알 수 있다. 대만은 파운드리 산업이 크게 발전한 나라다. 최근 대만에서는 TSMC를 비롯한 UMC, VIS와 PSMC 등의 파운드리 기업 모두 성장세가 두드러지게 나타나고 있다.

대만의 전 세계 파운드리 시장점유율은 70%가 넘는다. 이와 같이 발전한 대만의 파운드리 산업은 다양한 반도체 기업의 성장에 크게 기여하였다. 예를 들면 EDA, IP, 디자인 하우스, OSAT 기업뿐만 아니라 팹리스 기업의 성장에도 크게 기여한 것이다. 이로 인해 대만은 디자인 하우스인 GUC(Global Unichip Corporation), OSAT 기업인 ASE(Advanced Semiconductor Engineering), 그리고 팹리스 기업인 미디어텍(MediaTek) 등 각 분야별 최고 기업을 만들 수 있었다.

비록 대만은 소부장 기업의 생태계는 아직까지 미약한 상황이지만 파운드리 기업은 소부장 기업들의 성장에도 영향을 준다. 파운드리 기업이 팹을 건설하거나 확장할 때 소재, 부품, 장비가 필요하기 때문에 소부장 기업도 혜택을 볼 수밖에 없는 것이다. 따라서 파운드리 기업들의 성장은 다양한 반도체 관련 기업들에 긍정적인 영향을 준다.

특히 TSMC의 성공이 대만의 반도체 생태계에 많은 기여를 한 것으로 알려져 있다. TSMC는 제조를 제외한 모든 분야를 다른 우수한 파트너 기업들과 협업하여 서로 공생하는 생태계를 만들었다. 이런 식으로 제조를 제외한 나머지 분야를 다른 기업들에 아웃소싱(Outsourcing)함으로써, TSMC는 제조에만 모든 자원을 집중할 수 있었고 제조 분야에 대한 역량이 크게 강화될 수 있었다. 그리고 다른 반도체 기업들과 파트너십을 통해 그들의 성장을 돕고 그들이 성장하면 다시 TSMC의 역량이 강화되는 선순환 구조를 만들었다. 고객도 마찬가지다. TSMC는 고객과 절대 경쟁하지 않는다는 철학을 가지고 있으며, 고객이 성공할 수 있도록 최선을 다해 도움을 준다. 이렇게 도움을 받은 고객들이 성공하여 다시 TSMC에 주문량을 늘리고 TSMC의 규모도 지속적으로 커지면서 성공할 수 있었다. 예를 들면, 엔비디아(NVIDIA)도 설립 초기에는 작은 중소기업에 불과하였으나, TSMC가 엔비디아의 제품을 만들어주기 시작하면서 엔비디아는 크게 성장할 수 있었다. 마찬가지로 엔비디아가 크게 성장하면서 TSMC도 그 혜택을 온전히 누릴 수 있게 되었다.

  파운드리 사업은 파운드리 기업 홀로 모든 것을 잘 하려고 하면 실패하기 쉽다. 과거 삼성 파운드리도 내재화 전략과 수직계열화 전략으로 모든 것을 독자적으로 진행하려 하였다. 그러다 보니 파운드리 생태계를 만들 수 없었으며 성장에도 한계가 분명하였다. 아무리 뛰어난 기업이라 하더라도 모든 것을 다 잘할 수는 없다. 그리고 모든 분야를 다 잘하려면 자원을 나누어서 쓸 수밖에 없다. 그렇게 되면 정작 중요한 파운드리 분야의 역량을 강화하기 어렵다. 삼성 파운드리도 이런 사실을 깨닫게 된 후 TSMC와 마찬가지로 파운드리 생태계를 조성하려 노력을 기울이고 있다. 지금 삼성 파운드리는 생태계에 있는 다양한 파트너들과 협업하면서 파운드리 역량을 키우고 있다.

  이에 따라 국내에서도 점차적으로 EDA, IP, 디자인 하우스, OSAT, 소부장과 팹리스 기업들이 성장하고 있다. 앞으로 삼성 파운드리가 지속적으로 성장하기 위해서는 이들 기업이 성장할 수 있도록 도움을 주어야 한다. 이는 한국의 취약한 시스템반도체 분야를 키우기 위해서라도 반드시 노력해야 하는 부분이다. 그동안 한국에서 팹리스 기업들의 상황은 너무 열악하였다. 삼성 파운드리가 성장하는 것이야말로 팹리스 기업뿐만 아니라 생태계에 있는 모든 기업이 사는 길이다.

파운드리 사업의
높은 진입장벽

　지금 파운드리 사업은 진입장벽이 높은 상태이며 앞으로 더욱 높아질 것으로 보인다. 이미 파운드리는 거대한 자본이 필요한 사업이 되었을 뿐만 아니라 제조 경험, 노하우 그리고 서비스 마인드를 갖지 않으면 성공하기 어려운 비즈니스가 되었다. 물론 앞으로 작은 파운드리 기업들은 생길 수 있다. 하지만 이미 기존 대형 파운드리 기업들이 시장의 대부분을 지배하고 있기 때문에 미래에도 지금의 대형 파운드리 기업들이 시장을 과점할 것으로 보인다. 특히 10nm 이하 첨단공정의 파운드리는 이미 진입장벽이 너무 높아 더 이상 진입이 가능한 기업이 거의 없을 것으로 보인다. EUV 장비 1대만 해도 2,000억 원 정도이고 이보다 성능이 개선된 High NA(Numerical Aperture) 장비는 5,000억 원 정도에 이르기 때문에 웬만한 자본금으로는 도저히 감당이 안 되는 수준이다. 그렇다 하더라도 8인치 웨이퍼로 생산하는 성숙공정의 파운드리라고 진입장벽이 결코 낮지 않다. 물론 EUV 공정의 파운드리 시장보다는 진입하기 쉬운 건 사실이지만 이들 파운드리 기업의 몸값도 매우 높아졌으며 쉽게 뛰어들기 어려운 시장이 되었다. 일단 8인치 웨이퍼를 가공하는 각종 장비를 구하는 것조차 쉽지 않다. 이미 장비 기업들이 생산을 중단한 경우가 많기 때문이다.

　기본적으로 파운드리는 생산비용 절감을 목적으로 주문하는 OEM(Original

Equipment Manufacturing) 방식과는 차원이 다르다. 파운드리 사업을 하기 위해서는 배타적 제조기술, 지식재산권, 거대 생산시설을 갖추어야 하기 때문에, 진입장벽이 높을 수밖에 없다. 특히 오랜 제조 경험과 노하우는 파운드리 기업의 차별화 요인으로 다른 어떤 제조기업도 모방하기 어렵다. 파운드리 기업마다 독자적인 제조공정을 보유하고 있으며 서로 공정이 상이하기 때문에, A 파운드리에서 제조한 칩을 B 파운드리에서 바로 제조하기 어렵다. 이게 바로 각 파운드리 기업에 맞게 새롭게 디자인해주는 디자인 하우스가 필요한 이유다.

전 세계적으로 파운드리 기업의 숫자를 보면 그리 많은 편은 아니며 그 숫자도 크게 늘지 못할 것으로 보인다. 그리고 상위 10개 파운드리 기업이 시장의 대부분을 차지하고 있다. 반면 팹리스 기업은 하루가 다르게 꾸준히 늘어나고 있다. 파운드리 기업이 을이 아닌 갑의 위치에 설 수 있는 이유다. 나아가 칩 개발이 고도로 진전되면서 설계 단계부터 파운드리의 역할이 갈수록 커지는 상황이다. 특히 파운드리 기업의 업력이 길어지면서 생기는 생태계의 힘은 더욱 강력해진다. 오랜 기간을 통해 쌓아온 파운드리 생태계는 파트너 기업들과 신뢰를 기반으로 형성되기 때문에 빠른 시간 내에 신규 파운드리 기업이 따라잡기 어렵다.

뿐만 아니라 투자비용도 무시할 수 없는 수준이다. 파운드리 기업은 매년 새로운 투자를 해야 경쟁에서 뒤처지지 않고 생존할 수 있다. 그리고 투자비용은 매년 증가하는 경향이 있기 때문에 이에 따른 리스크도 클 수밖에 없다. 또한 파운드리 기업은 주기적으로 거대 생산설비에 대해 업그레이드하지 않으면 고객의 니즈를 충족시킬 수 없다. 이런 상황이다 보니 확실한 승산이 없으면 진입하기 매우 어려운 사업이다. 지금 대부분의 빅테크 기업도 자체적으로 반도체를 설계하고 있기 때문에 파운드리에 대한 수요가 매우 큰 상황이다. 특히 빅테크 기업들은 자본력이 있을 뿐만 아니라 기술력도 뛰어나지만 파운드리 사업을 하기 어려운 이유가 있다. 아무리 빅테크 기업이라 하더라도 기본적으로 소프트웨어 기반의 사업은 제조업 기반의 사업과 생리가 맞지 않을 가능성이 크다. 그리고 빅테크 기업은 제조에 대한 경험과 노하우를 가지고 있지 않으며 서비스 마인드도 부족할 수밖에 없다. 특히 EUV 공정의 파운드리는 아무리 많은 자본을 가진 빅테크 기업이더라도 천문학적인 자금을 투자하여 사업에 실패할 경우 감당이 되지 않을 가능성이 크다.

선진국가에서 파운드리 사업에
목숨을 거는 이유

최근 미·중 간 반도체 전쟁이 심화되고 있다. 특히 미·중 간 반도체 전쟁의 핵심은 제조 분야다.

이미 미국은 설계(Design), 소프트웨어(Software)와 장비 등의 분야에서 전 세계 최고의 경쟁력을 가지고 있지만 제조 분야에서는 아시아 국가들보다 경쟁력이 떨어진다. 마찬가지로 중국도 설계 분야에 강한 반면, 제조 분야의 경쟁력은 한국과 대만에 비해 크게 떨어진다. 그리고 제조 분야 중에서 핵심은 파운드리일 수밖에 없다. 시스템반도체가 반도체 분야에서 중요한 부분을 차지하고 있기 때문이다. 미국이 파운드리 기업들을 자국 내로 끌어들이면 관련 반도체 기업들도 자연스럽게 파운드리 기업을 따라서 투자하게 되어, 반도체 생태계가 쉽게 만들어질 수 있을 것이다.

미국은 반도체 제조 분야에서 전 세계 점유율이 불과 12% 정도밖에 차지하고 있지 않으며 파운드리 기업만 보면 인텔과 글로벌파운드리밖에 없어 더욱 취약한 실정이다. 과거 미국은 부가가치가 떨어지는 제조 분야보다 설계 분야에 집중하고 제조 분야는 임금이 싼 아시아로 이동시키면서 주로 대만과 한국 등이 제조 분야를 담당했다. 하지만 코로나19로 인해 차량용 반도체의 공급망에 문제가 생기면서 미국에서 반도체를 공급받지 못하는 사건이 터지자, GM(General Motors)과 포드(Ford) 등의 완성차 기업들도 큰 타격을 입게 되었다. 이를 계기로 미국은 반도체 제조 분야의 중요성을 새삼 깨닫게 되었다. 특히 미국은 파운드리 분야에서 아시아 국가에 크게 뒤지게 되자 발등에 불이 떨어지게 된 것이다. 따라서 미국은 아시아에 집중되었던 제조시설을 미국으로 불러들이는 리쇼어링(Reshoring) 정책을 세우게 되었다. 하지만 문제는 미국에서 반도체를 생산하면 아시아 국가에서 생산되는 반도체보다 원가가 2배 이상 비싸진다는 점이다. 따라서 미국은 아시아에 있는 기업들을 미국으로 불러들이기 위해 어쩔 수 없이 보조금을 주면서 끌어들이는 것이다.

결과적으로 미국의 이런 노력이 효과를 거두게 되어, TSMC와 삼성 파운드리를 자국 내로 끌어들이는 데 성공했다. 특히 미국이 TSMC를 더욱 적극적으로 끌어들인 건 대만에 위치한 TSMC 팹의 지정학적인 문제에서 비롯된다. 만약 중국이 대만을 침공하여 TSMC를 빼앗기면 미국의 반도체 산업은 대혼란에 빠질 수 있다는 우려가 크다. 미국의 대형 팹리스 기업들이 모두 TSMC에서 칩을 제조하고 있기 때문이다. 예를 들면 엔비디아, 퀄컴(Qualcomm), 브로드컴(Broadcom)과 AMD(Advanced Micro Devices) 등이다.

한편 중국의 반도체 산업이 성장하려면 SMIC와 같은 파운드리 기업이 성장해야 한다. 중국 팹리스 기업의 숫자가 3,500개가 넘는 것도 중국 파운드리 기업이 제조를 담당해줄 수 있기 때문이다. 나아가 중국은 OSAT 분야도 상당히 앞서 있는데 그 이유도 바로 SMIC를 포함한 화홍반도체(HuaHong Semiconductor)와 넥스칩(Nexchip) 같은 파운드리 기업이 있기 때문이다. 마찬가지로 소부장 기업들도 SMIC, 화홍반도체와 넥스칩의 영향으로 같이 성장할 수 있었다.

나아가 반도체는 이미 전략물자로도 분류되고 있다. 최근 러시아와 우크라이나 전쟁에서 보듯이 전쟁에서 반도체의 중요성은 더욱 두드러지게 나타나고 있다. 반도체 기술에서 앞서는 국가가 전쟁에서도 승리를 거둘 수 있다는 게 분명해지고 있어서, 반도체의 중요성은 더욱 커져가는 상황이다. 특히 반도체 설계 분야에서 미국이 최강국이기 때문에 제조 분야까지도 미국이 최강국이 될 수 있다면 전 세계의 패권을 거머쥘 수 있게 된다. 그리고 미국은 중국의 반도체 굴기를 꺾어야 미래에도 패권을 유지할 수 있기 때문에 해외 파운드리 기업을 더욱 자국 내로 끌어들이려 할 수밖에 없다. 미국은 TSMC와 삼성 파운드리 같은 첨단공정의 팹을 가진 기업들을 끌어들여 그들의 기술을 학습한 후 첨단 제조 분야에서도 자립의 길을 모색할 것으로 보인다. 특히 인텔은 미국의 매우 중요한 전략적 자산가치가 있는 기업이다. 원래 인텔은 불과 10여 년 전만 해도 TSMC와 삼성 파운드리보다 앞선 제조기술을 가지고 있었다. 하지만 인텔이 시스템반도체인 CPU에서 설계와 제조를 동시에 진행하면서 제조 분야를 소홀히 여긴 결과, TSMC와 삼성 파운드리에 뒤처지고 말았다. 물론 인텔이 과거에도 파운드리 사업을 하였지만 그리 성과를 거두지 못하고 사업을 접었다. 그럼에도 불구하고 몇 년 전부터 미국의 리쇼어링 정책에 따라 정부로부터 보조금을 받게 되면서 인텔은 다시 파운드리 사업에 뛰어들게 되었다. 그리고 현재 미국 정부와 인텔은 서로의 니즈를 잘 충족시킬 수 있는 관계이며 인텔 파운드리는 여러 가지 측면에서 TSMC와 삼성 파운드리보다 유리한 입장일 수밖에 없다. 미국 정부는 자국 기업인 인텔 파운드리를 TSMC와 삼성 파운드리보다 더 키우려 할 게 분명하기 때문이다.

한편 파운드리 종주국인 대만과 파운드리 사업을 키우려는 한국 그리고 일본도 상황은 마찬가지다. 파운드리 산업을 키우면 반도체 생태계를 구축하기 수월해질 뿐만 아니라 반도체 강국이 될 수 있다. 이는 대만의 사례만 보더라도 쉽게 알 수 있다. TSMC의 성장은 대만의 반도체 산업을 살렸을 뿐 아니라 대만의 경제까지 살렸다. TSMC가 성장하면서 다양한 반도체 기업들 또한 성장하였기 때문이다.

한국도 파운드리 생태계를 구축하기 위해 삼성 파운드리에서 많은 노력을 기울이고 있다. 삼성 파운드리가 성장해야 그동안 취약했던 한국의 시스템반도체 분야가 살아날 수 있다. 얼마 전 삼성 파운드리는 용인에 300조 원 투자를 발표하였으며 정부에서도 적극적으로 지원하고 있다. 이번이야말로 그동안 취약했던 한국의 시스템반도체 분야를 강화할 수 있는 절호의 기회다.

일본도 주목할 필요가 있다. 일본은 이미 TSMC가 구마모토(熊本)에 파운드리 팹을 건설하였으며 조만간 팹이 가동될 예정이다. 이 팹에서는 주로 10nm대의 차량용 반도체가 생산될 것으로 보이며 일본 완성차 기업들에 납품이 될 것으로 예상된다. 그리고 TSMC는 일본에 두 번째 팹뿐만 아니라 세 번째 팹도 추가적으로 건설할 것으로 보인다.

이외에도 일본은 라피더스(Rapidus)라는 국내 8개사가 투자한 파운드리 기업을 2022년 설립하였다. 일본은 이번 기회가 과거 반도체 강국의 명성을 되찾을 수 있는 마지막 기회로 보고 적극적으로 사업을 추진하고 있다. 이에 따라 2027년 2nm 반도체를 생산하겠다는 플랜(Plan)을 가지고 IBM(International Business Machines) 그리고 IMEC 등과 협업하고 있다. 나아가 최근 일본은 2030년까지 1nm 반도체도 생산하겠다고 발표하였다.

2
Chapter

삼성 파운드리와 TSMC의 치열한 경쟁

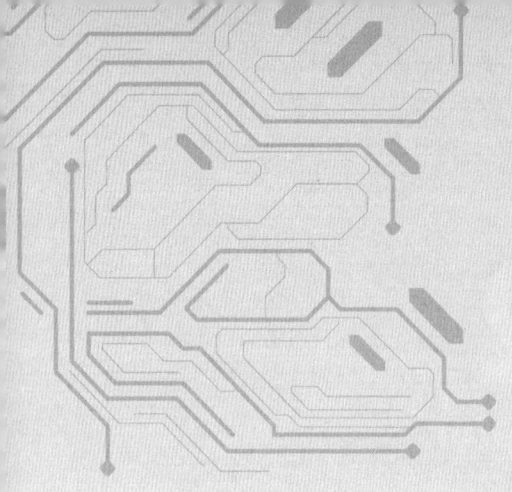

- ▶ 삼성 파운드리의 현황
- ▶ TSMC의 현황
- ▶ 삼성 파운드리와 TSMC의 비교
- ▶ 미래의 승자는?

삼성 파운드리와 TSMC가 치열하게 경쟁을 벌이고 있다. 최근 양 사의 경쟁은 한 치도 양보하기 어려운 극한 경쟁 속으로 치닫고 있다. 과거 2005년 삼성 파운드리가 파운드리 사업을 처음 시작하였을 당시, 삼성 파운드리는 감히 TSMC를 따라잡는다는 말을 하기 어려울 정도로 존재감이 미약하였다. 하지만 2017년 시스템 LSI 사업부에서 파운드리 사업부가 분할되면서 삼성 파운드리는 본격적으로 성장하기 시작하였다. 이에 반해 TSMC는 파운드리 사업을 최초로 시작한 기업이다. 창립 이래 많은 어려움을 겪으면서 기초를 단단하게 다져왔으며 35년이 넘는 역사로 많은 제조 경험과 노하우가 쌓여 있는 기업이다. TSMC가 여러 방면에서 삼성 파운드리보다 우위를 점하고 있는 건 어찌 보면 당연하다.

반면 TSMC에 비해 삼성 파운드리는 아직 갈 길이 멀다. 하지만 과거 모리스 창이 TSMC의 유일한 경쟁자는 삼성 파운드리밖에 없다고 했을 정도로 삼성 파운드리의 성장 속도는 매우 빠른 편이다. 이미 2022년부터 삼성 파운드리는 TSMC보다 3nm 공정을 먼저 시작했을 뿐만 아니라 TSMC의 FinFET 방식보다 나은 GAA(Gate All Around) 방식을 먼저 도입하였다. 그리고 삼성 파운드리는 2030년까지 TSMC를 따라잡겠다고 이미 발표한 상태다. 물론 결과가 어떤 식으로 나올지는 누구도 예측할 수 없지만 TSMC로서는 삼성 파운드리가 상당히 위협적인 경쟁 기업임에는 틀림이 없다.

하지만 현재 상황으로 보면 TSMC와 삼성 파운드리의 시장점유율 차이는 3배 이상으로 상당히 벌어진 상태다. 최근 삼성 파운드리는 TSMC를 따라잡기 위해 다양한 측면에서 파운드리 사업을 강화하고 있다. 예를 들면 패키징 분야를 강화하고 있을 뿐만 아니라 다양한 IP 기업과 파트너십도 보강하고 있다. 이런 활동이 성과를 내기 위해서는 어느 정도 시간이 필요하다.

양 사는 2025년 2nm 반도체를 양산하겠다고 선언하였다. 지금 상황에서 삼성 파운드리는 2025년 2nm 반도체를 생산하는 데는 큰 문제가 없을 것으로 보이지만 TSMC는 1년 늦어질 가능성도 있다. 하지만 과연 어느 기업이 더 좋은 수율로 성능이 우수한 반도체를 생산할지는 두고 봐야 한다. 아마도 2025년이 양 사의 경쟁력을 가르는 첫 번째 분기점이 될 것으로 보인다.

미래의 반도체 시장 상황은 양 사에 매우 유리하게 진행될 것으로 보인다. 특히 5nm 이하의 반도체는 AI 서버(Artificial Intelligence Server), HPC(High Performance Computing), 전기차(Electric Vehicle) 시장의 성장으로 인해 수요가 크게 늘어날 것으로 예상된다. 비록 어느 한 기업이 다소 경쟁력이 떨어지는 제품을 출시하거나, 혹은 수율이 떨어지더라도 양 사 모두 큰 혜택을 볼 것으로 보인다. 2025년이 되면 첨단 반도체의 수요가 폭발적으로 성장할 것으로 보이기에 한 기업에서 모든 수요를 감당하기에는 무리일 것으로 전망하고 있기 때문이다. 물론 인텔 파운드리도 조만간 2nm 반도체 시장에 진입할 가능성이 있지만 아직 어떻게 될지는 모르는 상황이다.

양 사는 2025년 생산하게 될 2nm 반도체에 사활을 걸고 있다. 지금도 양 사는 팹 설비와 R&D(Research & Development)에 막대한 비용을 투자하면서 시장을 선점하기 위해 애쓰고 있다. 특히 삼성 파운드리는 2nm 반도체에서 TSMC와의 격차를 줄이려 하고 있다. 삼성 파운드리는 이미 3nm 공정에서 GAA 방식을 도입하고 수율을 TSMC와 비슷한 수준으로 올려놓은 반면, TSMC는 GAA 방식을 도입하면서 수율 확보에 어려움을 겪을 것으로 보인다. 하지만 TSMC는 이미 많은 대형 팹리스 기업을 고객으로 두고 있기 때문에 TSMC가 다소 실망스러운 결과를 보이더라도 이들 고객이 삼성 파운드리로 옮겨갈 수 있을지는 두고 볼 필요가 있다. 삼성 파운드리로 바꾸게 되면 전환비용이 크게 발생하기 때문이다.

하지만 삼성 파운드리가 지속적으로 TSMC보다 높은 수율로 우수한 반도체를 생산하게 된다면 얘기가 달라질 수 있다. 고객 입장에서는 전환비용을 감안하더라도 장기적인 측면에서 이익이 되기 때문이다. 과연 앞으로 양 사가 어떤 식으로 서로 경쟁할지 기대된다.

삼성 파운드리의
현황

 삼성전자가 처음으로 파운드리 사업을 시작한 건 2005년이다. 당시 삼성전자가 파운드리 사업을 처음으로 시작하였지만 파운드리 사업은 삼성전자에 그리 비중이 있는 비즈니스가 아니었다. 삼성전자는 메모리반도체가 사업의 대부분을 차지하였기 때문에 파운드리 사업은 그저 형식적인 사업에 불과하였다. 하지만 삼성전자는 과거부터 메모리반도체 사업만으로는 반도체 사업에서 진정한 강자가 될 수 없다고 생각해서, 어떻게 해서든 메모리반도체 위주의 사업모델을 바꿀 수밖에 없었다. 그리고 파운드리 사업은 메모리반도체 분야에서 오랜 기간 쌓아온 제조공정에 대한 노하우와 경험이 있었기 때문에 삼성전자가 충분히 잘할 수 있는 사업이라 보고 있었다. 하지만 삼성전자의 파운드리 사업은 2017년 파운드리 사업부가 시스템 LSI 사업부에서 별도로 분리되기 전까지 성장 속도가 매우 느린 편이었다. 그나마 삼성전자가 파운드리 사업부를 시스템 LSI 사업부에서 분리한 건 고객들의 설계자산 노출에 대한 불안을 잠재울 필요가 있었기 때문이다. 물론 시스템 LSI 사업부와 파운드리 사업부가 같은 삼성전자 내에 있기 때문에 고객들의 불안을 완전히 해소시키기에는 부족한 점이 있다.
 삼성전자의 파운드리 사업이 성장하지 못한 건 메모리반도체 사업과 같은 방식으로 파운드리 사업을 키우려 했던 원인이 크다. 즉, 메모리반도체 사업처럼 모든 것을 삼성 파운드리에서 해결하려 했던 것이다. 하지만 파운드리 사업은 한 기업에서 모든 것을 할 수 있는 사업이 아니다. 다시 말하면 파운드리 생태계를 조성하여 파트너 기업 간에 서로 긴밀하게 협력하면서 공생해야 하는 사업인 것이다.

삼성전자는 파운드리를 별도 사업부로 분리시킨 2017년부터 본격적으로 사업을 성장시키고 있다. 특히 TSMC를 따라잡기 위해서는 TSMC가 하는 방식을 모방할 필요가 있었다. 그건 바로 파트너 기업들과 같이 동반성장하는 것이다. 이를 위해 삼성 파운드리는 TSMC처럼 파운드리 생태계를 조성하는 게 중요하다는 사실을 깨닫게 되었다.

2017년부터 삼성전자가 파운드리 사업을 본격적으로 성장시키면서 삼성 파운드리는 빠른 속도로 시장점유율을 높이고 있다. 2017년 전만 해도 삼성 파운드리의 시장점유율은 UMC와 글로벌파운드리스보다 크게 뒤져서, 불과 몇 퍼센트밖에 차지하지 못하였다. 하지만 삼성 파운드리는 EUV 공정에 진입하고 이들 기업은 EUV 공정을 포기하면서 시장점유율이 역전되는 현상이 나타났다. 그러면서 삼성 파운드리는 이들 기업을 제치고 2위로 올라서면서 TSMC의 뒤를 잇게 되었다. 그리고 삼성 파운드리는 TSMC를 따라잡겠다는 목표를 2019년부터 본격적으로 세우게 되었다. 그게 바로 '반도체 비전 2030'으로, 133조 원(차후 171조 원으로 증액되었다.)을 투자하여 2030년까지 TSMC를 따라잡겠다는 게 주요 골자다. 이를 위해 2023년 삼성 파운드리는 용인에 세계 최대 규모의 반도체 클러스터(Cluster)를 만드는 플랜을 발표하고 많으면 5개의 파운드리 팹을 건설할 예정이다. 이 클러스터는 정부에서도 적극적으로 지원할 것으로 보인다. 그리고 이들 팹은 삼성 파운드리가 첨단 반도체 중심의 파운드리 사업을 추진한다는 전략에 따라 EUV 공정이 주류를 이룰 것으로 보인다.

비록 삼성 파운드리가 빠르게 성장하고 있지만 시장점유율이 여전히 20%를 넘지 못하는 반면, TSMC는 60%를 넘게 기록하기도 하였다. 특히 삼성 파운드리가 TSMC를 따라잡기 위해서는 일단 삼성 파운드리의 인원을 늘려야 하지만, 아직 TSMC와 인원 격차는 3배 이상 벌어져 있다. 나아가 인원뿐만 아니라 많은 부분에서 삼성 파운드리가 TSMC에 크게 못 미치고 있다. 예를 들면 IP 개수, 패키징 능력, R&D 금액(전체 반도체 투자 규모는 삼성전자가 TSMC보다 많을 수 있으나 파운드리만 보면 훨씬 적다.) 등이 그렇다.

〈표 1〉 파운드리 시장점유율(단위: 백만 달러)

순위	회사	매출액			시장점유율	
		23년 3분기	23년 2분기	성장률	23년 3분기	23년 2분기
1	TSMC	17,249	15,656	10.2%	57.9%	56.4%
2	Samsung	3,690	3,234	14.1%	12.4%	11.7%
3	GlobalFoundries	1,852	1,845	0.4%	6.2%	6.7%
4	UMC	1,801	1,833	-1.7%	6.0%	6.6%
5	SMIC	1,620	1.560	3.8%	5.4%	5.6%
6	HuaHong Group	766	845	-9.3%	2.6%	3.0%
7	Tower	358	357	0.3%	1.2%	1.3%
8	VIS	333	321	3.8%	1.1%	1.2%
9	IFS	311	232	34.1%	1.0%	0.8%
10	PSMC	305	330	-7.5%	1.0%	1.2%
	Total of Top 10	28,286	26.213	7.9%	95%	94%

자료: 트렌드포스(2023년)

한편 삼성 파운드리에는 TSMC와의 격차를 줄일 수 있는 기회가 있다. 그건 삼성 파운드리가 2nm GAA 방식을 TSMC보다 먼저 도입하여 높은 수율로 양산하는 것이다. 실제 삼성 파운드리는 2022년 6월 3nm GAA 방식을 양산하면서(TSMC는 2022년 하반기 양산하였다.) TSMC보다 기술적으로 앞서는 듯 보였다. 이를 기념하기 위해 삼성 파운드리는 대대적으로 홍보하였음에도 불구하고 수율이 그리 높지 않았던 탓에 많은 고객을 확보하지는 못하였다. 결국 아무리 우수한 기술로 경쟁사보다 빠르게 양산하더라도 높은 수율로 고객을 확보하지 못하면 큰 의미가 없다는 점이 명확해졌다. 실제 삼성 파운드리는 2023년 시장점유율이 크게 떨어져 TSMC와의 격차가 더욱 벌어졌다.

이를 계기로 2023년 삼성 파운드리는 TSMC와 비교해 큰 차이가 나는 부분에 대해서 경쟁력을 강화하기 위해 다음과 같은 2가지 전략을 세웠다.

첫째, IP 기업과 협업을 강화하는 것이다. 파운드리 기업이 성장하기 위해서는 다양한 IP를 보유하는 게 필요하다. 팹리스 기업이 다양한 칩을 설계하기 위해서는 IP가 중요하기 때문이다. 이를 위해 삼성 파운드리는 시높시스(Synopsys)와 케이던스(Cadence)와 같은 메이저(Major) IP 기업들과 협력을 강화하고 다른 다양한 IP 기업과도 협업하기로 하였다. 이를 통해 다양한 팹리스 고객을 유치하겠다는 것이다.

둘째, 패키징 능력을 강화하는 것이다. 실제 삼성 파운드리의 패키징 능력은 TSMC와 비교해 크게 떨어진다. TSMC는 미세화의 한계에 따라 패키징의 중요성을 간파하고 오래전부터 패키징 분야에 많은 R&D 금액을 투자하여 패키징 역량을 강화했다.

이에 따라 2022년부터 삼성 파운드리는 AVP(Advanced Packaging) 사업부를 신설하였다. 그리고 2023년부터 MDI(Multi Die Integration) 협의체를 구성하여 다양한 파트너 기업들과 패키징 역량 강화를 위해 협력을 진행하고 있다. 그리고 삼성 파운드리는 TSMC와 동등한 패키징 역량을 갖추기 위해 패키징 부문에 많은 금액을 투자하고 있다. 특히 최근 고객들은 파운드리 기업의 패키징 역량을 보고 주문을 줄 정도로 미세화 못지않게 패키징이 점점 더 중요해지고 있다. 물론 첨단공정이 아닌 성숙공정의 파운드리 기업들은 자체적으로 패키징과 테스트할 수 있는 역량이 부족해 OSAT 기업에 물량을 맡기는 경우가 대부분이다.

한편 2023년 DS(Device Solution) 사업 부문의 경계현 사장은 삼성 파운드리가 기술적으로 TSMC보다 1~2년 뒤처지고 있다는 점을 인정하는 발언을 하여 시장에 충격을 주었다. 처음으로 삼성 파운드리가 TSMC보다 기술 역량이 부족하다는 점을 인정한 발언이기 때문이다. 하지만 경계현 사장은 계획보다 빠른 2028년까지 TSMC를 따라잡겠다는 새로운 계획을 발표하였다. 이는 '반도체 비전 2030'의 계획보다 2년이나 빠른 것이다. 이렇게 경계현 사장이 자신 있게 발표할 수 있는 이유는 삼성 파운드리가 GAA 방식을 TSMC보다 먼저 도입하고 수율을 상당히 안정화시킨 반면, TSMC는 GAA 방식을 도입하면서 많은 시행착오(Trial & Error)를 겪게 될 것으로 보기 때문이다. TSMC가 2nm GAA 방식을 도입하고 수율을 안정화시키는 틈을 타서 TSMC를 어느 정도 따라잡겠다는 것이다. 물론 이런 계획이 삼성 파운드리의 의도대로 될 것인지는 두고 볼 필요가 있지만 최소한 TSMC와의 격차는 크게 줄일 수 있을 것이라는 기대는 가져볼 만하다. 이런 삼성 파운드리의 강한 의지는 TSMC를 더욱 자극하여 TSMC도 1위라는 지위를 빼앗기지 않기 위해 나름대로 대책을 강구할 것으로 보인다.

어쨌든 삼성 파운드리는 TSMC를 따라잡는 계획을 실현하기 위해 집중적으로 자금을 투자하고 있다. 특히 삼성 파운드리는 셸 퍼스트(Shell First) 전략에 따라 매년 새로운 팹을 한 개씩 건설하는 것을 추진하고 있다. 투자지역은 용인과 평택에 집중적으로 진행될 것으로 보인다. 과연 삼성 파운드리가 TSMC를 따라잡는다는 계획을 실현시킬 수 있을지 기대된다.

〈표 2〉 파운드리 빅3 미세공정 일정

연도	TSMC	삼성전자	인텔
2022년	3나노 1세대 핀펫	3나노 1세대 GAA	-
2023년	-	-	인텔3(3나노급)
2024년 상반기	3나노 2세대 핀펫	3나노 2세대 GAA	-
2024년 하반기	-	-	인텔20A(2나노급)
2025년	2나노 GAA	2나노 GAA	인텔18A(1.8나노급)
2026년 하반기	1.6나노	-	-
2027년	1.4나노	1.4나노	인텔14A-E(1.4나노급 2세대)

자료: 각 사

TSMC의 현황

TSMC는 세계 최초로 파운드리 비즈니스 모델을 개척한 기업이다. 그런 기업답게 파운드리 시장에서 지속적으로 성장하여 독보적인 지위를 가지고 있다. 그야말로 파운드리 시장의 원조인 기업으로 지금까지도 파운드리 시장에서 차지하는 영향력은 거의 절대적이다. 그리고 TSMC가 성공할 수 있었던 이유는 여러 가지가 있겠지만, 무엇보다 고객과 절대 경쟁하지 않고 고객의 성공을 위해 노력해온 것 때문이다. 마찬가지로 파트너 기업들과 서로 상생하고 동반성장하는 생태계를 만든 것도 성공에 주효하였다고 볼 수 있다.

특히 TSMC는 역사적으로도 35년이 넘는 업력을 가지고 있다. 오랜 기간 파운드리 사업을 영위하면서 얻게 된 경험과 노하우는 다른 기업들이 감히 넘볼 수 없을 정도이며, 파운드리 사업의 성공에도 큰 영향을 미치고 있다. 그리고 TSMC는 고객뿐만 아니라 파트너 기업들과도 신뢰를 지키면서 확고한 비즈니스 기반을 구축하고 있다. 파운드리 사업은 다른 반도체 사업과 달리 서비스 마인드가 무엇보다 중요하다. 즉, 고객의 입장에서 생각하고 고객과의 약속을 지키면서 신뢰를 얻는 게 필요하다. TSMC는 고객과의 신뢰를 중시하면서 지속가능한 성장을 이룰 수 있었을 뿐만 아니라, 이런 신뢰 관계는 고객이 다른 파운드리 기업으로 떠나지 않은 이유가 되기도 하였다.

특히 TSMC가 지속적으로 성장할 수 있었던 이유는 파운드리 생태계를 공고하게 구축했기 때문이다. 아무리 역량이 있는 파운드리 기업이라 하더라도 모든 것을 다 잘할 수는 없다. TSMC는 초창기부터 EDA 기업, IP 기업, 디자인 하우스, 클라우드 기업과의 파트너십 그리고 OSAT 기업을 포함한 팹리스 기업과도 협업을 통해 파운드리 생태계를 조성했다. 또, TSMC는 생태계 내 기업들에 TSMC가 잘할 수 없다고 판단된 업무를 위임하고 TSMC는 오직 제조 분야에만 집중함으로써 역량을 강화할 수 있었다. 나아가 TSMC는 생태계 내 파트너 기업들이 성장할 수 있도록 적극적으로 도움을 주었다. 이렇게 해서 성장한 파트너 기업들은 다시 TSMC의 성장에 큰 도움이 되는 선순환 구조를 만들 수 있었다. 이는 팹리스 고객과도 마찬가지다. 비록 규모가 작더라도 미래 성장성이 있다고 판단되는 고객이라면 적극적으로 도움을 준 덕분에, 작은 고객도 성장할 수 있는 기반을 마련할 수 있었다. 이렇게 성장한 고객은 다시 큰 물량을 TSMC에 몰아줌으로써 TSMC는 지속적으로 성장할 수 있는 발판을 마련할 수 있었다.

물론 TSMC도 사업을 영위하면서 어려움을 겪지 않은 건 아니다. 사업을 시작한 초창기 때 팹리스 기업이 생각만큼 생겨나지 않아 비즈니스 기반을 구축하기 어려웠을 뿐만 아니라, 2008년 금융위기 때는 매출이 하락하여 위기를 겪기도 하였다. 하지만 2009년 모리스 창이 CEO(Chief Executive Officer)로 복귀한 후 사업의 구조를 다시 안정적으로 구축하였다. 그리고 TSMC의 사업은 삼성 파운드리와 달리 성숙공정과 EUV 공정의 균형을 유지하고 있기 때문에 사업의 안정성이 높다는 장점이 있다. 그만큼 다양한 고객으로부터 매출이 발생하기 때문이다. 이에 따라 현재 TSMC가 보유한 고객은 500개사가 넘을 뿐만 아니라 이익률이 40~50% 정도로 매우 높다는 점도 주목할 필요가 있다. 이와 같은 높은 이익률은 파운드리 사업에서 매우 중요하다. EUV 공정일수록 팹에 투자되는 금액이 상당히 크기에 안정적으로 높은 이익이 발생해야 새로운 팹에 적극적으로 투자하여 사업의 선순환이 이루어질 수 있기 때문이다. 특히 TSMC는 삼성 파운드리, 인텔 파운드리, 라피더스 같은 후발주자들이 적극적으로 투자를 진행하고 있어 시장을 뺏길 가능성이 크기 때문에 방어해야 하는 입장이다. 그렇다 보니 경쟁 기업들을 따돌리기 위해서라도 투자를 게을리 할 수 없다. 그렇기 때문에 지금 같은 높은 시장점유율과 이익률을 유지하기 위해서, 조금도 방심할 수 없는 상황이다. 특히 2025년 2nm GAA 공정을 얼마나 안정적으로 도입하느냐에 따라 지금의 주도권을 가져갈 수 있을지가 결정된다. 이미 삼성 파운드리와 인텔 파운드리가 도전장을 내밀었기 때문이다.

한편 TSMC는 애플(Apple)을 비롯해 엔비디아, 브로드컴, AMD, 미디어텍 등과 같은 대형 팹리스 기업들을 고객으로 두고 있다. 이들 주요 팹리스 기업의 매출만 계산하더라도 TSMC의 매출에 상당한 비중을 차지한다는 것을 알 수 있다. 따라서 이들 기업이 다른 파운드리 기업으로 옮겨가지 않는 이상 매출은 쉽게 줄어들지 않을 뿐만 아니라 앞으로 EUV 공정의 파운드리 시장은 매년 20% 이상 성장할 것으로 보여 전망도 매우 밝은 편이다. 그리고 TSMC는 이들 기업과 오랜 기간 깊이 있는 신뢰 관계를 유지해오고 있기 때문에 이들 기업이 다른 파운드리 기업으로 옮겨가기가 쉽지 않다. 특히 다른 파운드리 기업으로 옮겨가게 되면 기존 설계를 다른 파운드리 기업의 공정에 맞추어 재설계를 해야 하기 때문에 리스크와 비용이 발생한다. 다시 말하면 전환비용이 발생하는 것이다. 따라서 이런 비용을 치르고서라도 옮겨갈 만한 특별한 메리트가 없는 이상 TSMC의 팹을 사용할 수밖에 없다. 이는 앞으로도 상당 기간 TSMC가 파운드리 시장을 리드할 가능성이 높음을 의미한다. 삼성 파운드리가 TSMC를 2028년까지 따라잡겠다고 발표하였지만 삼성 파운드리는 성숙공정의 매출이 비교적 적은 편이기 때문에 상당 기간 쉽지 않은 상황이다. 하지만 2028년이 되면 기존의 일부 성숙공정이 EUV 공정으로 넘어가게 된다. 삼성 파운드리와 인텔 파운드리가 TSMC의 마켓셰어(Market Share)를 어느 정도 가져갈 것으로 보이지만 파운드리 시장이 지속적으로 성장하여 시장의 파이가 커지는 상황이기 때문에 TSMC의 매출이 크게 떨어지는 건 거의 불가능한 일이다. 물론 결과는 나중에 가봐야 알겠지만 말이다.

TSMC는 2025년 GAA 2nm 공정에 진입하고 2028년에는 GAA 1nm 공정에 진입한다는 계획을 가지고 있다. 이는 삼성 파운드리와 비슷한 일정이다. 하지만 TSMC는 GAA 공정을 처음으로 시도하는 것이기 때문에 TSMC가 계획된 양산 일정과 안정된 수율을 지킬 수 있을지는 두고 볼 필요가 있다. 분명 많은 어려움이 따를 것으로 보인다. 하지만 삼성 파운드리가 이미 도전장을 내민 이상 어떻게 해서든 계획대로 진행하려 노력할 것으로 보인다. 그리고 TSMC가 시장을 빼앗기지 않으려면 기존 고객들과의 신뢰 관계를 유지하면서 기술격차를 더욱 벌려야 한다. 나아가 인텔 파운드리도 계획대로라면 TSMC보다 먼저 2nm 공정에 들어가게 된다. 특히 인텔 파운드리는 미국 기업이기 때문에 TSMC보다 유리한 점이 많다.

TSMC는 2022년 총 400억 달러(약 53조 6,600억 원)를 미국에 투자한다는 계획을 발표하였다. 미국 애리조나(Arizona) 1기 공정 팹에서 2024년부터 4~5nm 칩을 생산하고, 2026년에는 2기 공정 팹을 가동해 3nm 칩을 생산한다는 계획을 세웠으나 전문인력 부족 등을 이유로 애리조나 팹 가동은 1년 이상 연기된 상태다.[1] TSMC는 미국 정부의 압박 때문에 투자하기도 했지만, 고객 대부분이 미국에 있다는 점도 투자 배경이 되었다. 물론 경쟁 기업들도 앞다투어 미국에 팹을 건설하고 있기 때문에 TSMC는 한시도 긴장의 끈을 놓을 수 없는 상황이다.

---

1 강태우, "건설 지연 없다" "우린 EUV 넣는 중"… 삼성·TSMC, 美공장 신경전 왜, News1 뉴스, 2023년 8월 22일(https://www.news1.kr/articles/5146090)

삼성 파운드리와 TSMC의 비교

삼성 파운드리와 TSMC의 경쟁이 점점 뜨겁게 달아오르고 있다. 양 사는 상대의 상황을 예의주시하면서 견제하는 상황이 종종 발생하곤 한다. 그만큼 서로 눈치작전이라도 하듯이 상대 기업을 의식한다는 뜻이다. 이미 삼성 파운드리는 TSMC에 도전장을 내민 상태로 TSMC도 삼성 파운드리의 움직임에 민감한 상황이다. 과거 모리스 창이 TSMC의 유일한 경쟁 기업은 삼성 파운드리밖에 없다고 할 정도로 삼성 파운드리는 TSMC를 긴장하게 만드는 경쟁 기업임에는 틀림이 없다. 비록 TSMC와 삼성 파운드리의 시장점유율의 격차가 크게 나고 있지만 말이다. 삼성 파운드리만 놓고 보면 TSMC의 경쟁 상대가 되지 않지만, 삼성전자 전체를 놓고 보면 TSMC보다 규모가 크고 자본력도 만만치 않기 때문에 결코 가벼운 상대가 아니다. 뿐만 아니라 과거 삼성전자의 메모리반도체 사업에 대한 성공신화는 거의 기적 같은 일이기에 TSMC의 입장에서 보더라도 삼성전자는 저력이 있는 기업이다.

지금의 상황을 보면 양 사의 기술격차는 2년 정도로 TSMC가 앞서고 있다. 이는 이미 경계현 사장이 인정한 부분이다. 나아가 TSMC가 다양한 방면에서 유리한 부분이 많은 상황이지만 삼성 파운드리도 부족한 부분을 메우기 위해 각고의 노력을 기울이고 있다. TSMC가 삼성 파운드리보다 앞서는 부분은 다음과 같다.

첫째, 인원 수의 차이다. 삼성 파운드리는 2만 3,000명 정도지만 TSMC는 7만 8,000명 정도로 3배 이상 차이가 난다. 이런 차이는 실적의 차이로 이어질 수밖에 없다. 물론 삼성 파운드리도 인원을 보충하기 위해 유명 대학들과 반도체 계약학과를 만들어서 많은 학생을 입사시키고 있다. 하지만 국내 반도체 인력이 워낙 부족하다 보니 뽑을 수 있는 인재가 많지 않다. 그럼에도 불구하고 삼성 파운드리가 TSMC를 따라잡기 위해서는 어떠한 수단을 써서라도 TSMC와 비슷하게 인력 수를 늘려야 한다.

둘째, IP 개수의 차이다. 지금 삼성 파운드리는 IP 기업들과 협약을 맺으면서 IP 개수를 지속적으로 늘리고 있지만 보유하는 IP 개수가 아직 1만 개도 되지 않고 있다. 하지만 TSMC는 이미 6만 개 가까이 보유하고 있다. IP 개수의 차이는 팹리스 기업이 파운드리 기업을 선정하는 기준이 되기도 하기 때문에, 삼성 파운드리에 불리하게 작용할 수 있다. 따라서 삼성 파운드리는 국내 IP 기업이 아직 많지 않은 관계로 해외 IP 기업들과 협업을 통해 IP 개수를 TSMC와 동등한 수준으로 늘릴 필요가 있다.

셋째, 패키징 능력의 차이다. TSMC는 오래전부터 패키징을 효율적으로 하여 칩의 성능을 높이는 방법으로 미세화의 한계에 대비해왔다. 이에 따라 패키징 분야에 많은 자금을 투자하여 패키징 역량의 강화에 힘쓰고 있다. TSMC는 이미 개발한 CoWoS(Chip on Wafer on Substrates)라는 2.5 패키징을 적용하고 있다(CPU나 GPU를 기판의 중앙에 올려놓고, HBM(High Bandwidth Memory)을 가장자리에 배치하는 기술이다.). TSMC는 이 패키징 기술을 통해 애플을 비롯한 많은 고객을 확보할 수 있었다. 실제 패키징을 어떤 방식으로 진행하느냐에 따라 비록 하위 공정이라 하더라도 상위 공정을 앞설 수도 있기 때문에, 고객들도 파운드리를 선정할 때 파운드리 기업의 패키징 능력에 대해 주목하고 있다.

삼성 파운드리도 TSMC와 비교해 뒤처진 패키징 능력을 강화하기 위해 2022년 AVP 사업팀을 신설하고 I-Cube와 X-Cube 같은 새로운 패키징 방법을 고안하고 있다. 패키징의 능력에 따라 파운드리 기업의 역량이 결정될 수 있는 만큼 삼성 파운드리도 패키징 분야에 많은 자금을 투자하고 있다. 그리고 최근 삼성 파운드리는 부족한 부분을 보강하기 위해 다양한 파트너 기업과 MDI(Multi Die Integration) 협의체를 맺었다. 앞으로 삼성 파운드리는 패키징 분야에서도 충분히 경쟁력을 가질 것으로 보인다.

넷째, 고객 수의 차이다. TSMC는 이미 고객이 500개사가 넘는 반면, 삼성 파운드리는 100여 개사 정도에 그치고 있다. 물론 TSMC가 성숙공정과 첨단 공정을 모두 적극적으로 진행하고 있기 때문에 고객 수가 더 많은 건 당연한지도 모른다. 하지만 고객 수기 많다는 건 실적과도 연관성이 크기 때문에 삼성 파운드리는 어떻게 해서라도 고객 수를 늘릴 필요가 있다. 이미 삼성 파운드리는 과거와 달리 유망한 고객이라면 규모에 상관없이 파운드리를 적극적으로 개방한다는 전략으로 전환하였기 때문에 고객 수를 늘리는 데 제한이 없는 상황이다. 삼성 파운드리는 해외 지역에서 매년 열리는 파운드리 포럼을 통해 자사의 강점들을 적극적으로 홍보하면서 많은 고객을 확보하기 위해 노력하고 있다.

다섯째, 파운드리 생태계의 차이다. TSMC는 오래전부터 다양한 파트너 기업과 생태계를 구축하면서 파운드리 사업에서 선순환의 구조를 만들었다. 이런 선순환 구조는 TSMC의 강력한 경쟁력이 되었을 뿐만 아니라 파트너 기업들과 신뢰 관계를 더욱 공고히 하는 데도 일조하였다. 하지만 삼성 파운드리는 2017년 파운드리 사업부가 분리되면서부터 생태계의 중요성을 깨닫고 TSMC와 같은 생태계를 구축하기 위해 많은 노력을 기울이고 있다. 안정적인 파운드리 생태계의 조성은 파트너 기업 간 신뢰 관계와 연관되어 있기 때문에 시간이 걸리는 문제다. 따라서 단시일 내에 삼성 파운드리가 TSMC를 쫓아가기는 어렵겠지만 지속적으로 노력한다면 아주 불가능하지는 않다. 그러기 위해서는 파트너 기업들과 꾸준하게 신뢰를 구축하고 파트너 기업들을 물심양면으로 도와야 한다.

최근 삼성 파운드리는 생태계의 파트너들을 적극적으로 늘려 이미 TSMC를 넘어서는(110개사 이상) 수준에 이른 것으로 알려져 있다. 그런데 가장 큰 문제는 삼성 파운드리의 디자인 하우스의 절반 이상이 국내 기업이라는 한계가 있는 반면, TSMC는 전 세계에 고르게 분포되어 있다는 점이다. 이는 삼성 파운드리가 해외 고객을 개척하는 데 어려움을 겪는 이유 중 하나이기도 하다. 디자인 하우스가 파운드리 기업의 영업창구 역할을 하기 때문이다. 따라서 기본적으로 디자인 하우스는 고객이 많은 곳에 위치하는 게 여러모로 유리할 수밖에 없다. 아울러 삼성 파운드리의 고객이 다양하지 못한 결과가 디자인 하우스에도 영향을 미치고 있어 악순환이 반복되고 있다.

〈그림 1〉 삼성 파운드리와 TSMC의 파트너 수 비교

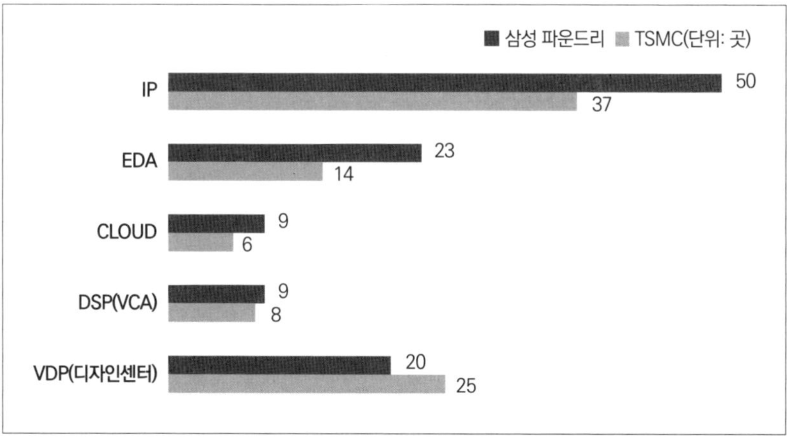

구분	삼성 파운드리	TSMC(단위: 곳)
IP	50	37
EDA	23	14
CLOUD	9	6
DSP(VCA)	9	8
VDP(디자인센터)	20	25

자료: 각사 홈페이지

따라서 삼성 파운드리는 많은 고객이 포진해 있는 미국 시장을 공략하기 위해 미국에 위치한 디자인 하우스와 파트너십을 맺을 필요가 있다.

여섯째, TSMC는 순수 파운드리 기업인 반면, 삼성전자는 IDM 기업이라는 차이다. 삼성전자는 DS 부문에 시스템 LSI 사업부가 있다. 이로 인해 삼성 파운드리가 성장하는 데 걸림돌이 된다는 시각이 있다. 팹리스 고객이 삼성 파운드리에 위탁하여 생산할 경우 자신들의 설계자산이 유출될 가능성이 있다고 보기 때문이다. 과거에도 이런 문제로 파운드리 사업부가 시스템 LSI 사업부에서 별도로 빠져나왔지만, 아직도 고객들의 의심은 완벽하게 해소되지 않고 있다(파운드리 기업인 SK하이닉스 시스템 IC도 이런 문제로 2017년 별도의 기업으로 분할되었다.). 따라서 여전히 삼성 파운드리를 별도의 기업으로 분리해야 한다는 목소리가 곳곳에서 나오고 있다. 하지만 아직 삼성 파운드리가 막대한 자금을 투자해야 하는 상황에서 자체적으로 투자 금액을 해결할 수 없기 때문에 별도 회사로 분리될 가능성은 매우 낮다. 물론 삼성 파운드리가 크게 성장하게 된다면 분리될 가능성은 얼마든지 있다. 하지만 삼성전자가 파운드리 사업부를 보유함으로써 여러 가지 장점도 있기 때문에 꼭 불리하지만은 않다는 시각도 있다.

그럼 TSMC가 가지지 못한 삼성 파운드리의 장점은 무엇일까?

첫째, 삼성 파운드리는 삼성전자라는 배경이 있기 때문에 여러 가지 지원을 받을 수 있다. 특히 삼성전자는 메모리반도체 사업부에서 막대한 자금을 벌어들이고 있다(물론 최근 불황으로 적자를 보기도 하였다.). 그리고 벌어들인 많은 자금은 삼성 파운드리에 투자되고 있다. 파운드리 사업은 자본력의 경쟁이기 때문에 가용자금이 많은 기업이 절대적으로 유리할 수밖에 없다. 그밖에도 DX(Device Experience) 부문에서도 많은 돈을 벌어들이고 있기 때문에 자금력 측면에서는 TSMC보다 유리한 편이다.

둘째, 다양한 사업 간의 시너지가 발생할 수 있다. 삼성 파운드리는 다른 사업부로부터 다양한 정보를 얻을 수 있다. 이런 정보를 바탕으로 시장에 대한 올바른 판단을 내릴 수 있을 뿐만 아니라 사업을 운영하는 데에도 매우 유리하게 작용될 수 있다. 그리고 다양한 사업부로부터 도움을 받을 기회도 널려 있다. 예를 들면 삼성 파운드리는 시스템 LSI 사업부의 칩 대부분을 제조한다. 많을 때는 내부 물량이 매출의 50%를 넘어선 적도 있다. 뿐만 아니라 DX 사업부에 납품된 칩의 성능과 기능에 대해 다양한 피드백을 받기에 수월하다.

셋째, 턴키(Turn-Key) 비즈니스가 가능하다. 최근 많은 빅테크 기업을 포함한 완성차 기업과 IT 기업이 자체적으로 칩을 설계하는 경우가 늘어나고 있다. 자체적으로 칩을 설계하면 다양한 메리트가 있기 때문이다. 하지만 이들 기업은 자체 기술로 칩을 설계하는 게 쉽지만은 않다. 특히 첨단공정의 칩일수록 설계 난도가 올라가기 때문에 설계가 더욱 어려워진다. 따라서 이들 기업을 대상으로 맞춤 설계를 대신해주고 삼성 파운드리에서 제조하는 비즈니스 모델이 가능하다. 이는 TSMC에서는 할 수 없는 부분이다. 최근 고객은 모든 서비스를 동시에 받기를 원한다. 비용과 시간을 아낄 수 있을 뿐만 아니라 번거로움을 최소화할 수 있기 때문이다. 이런 서비스를 원하는 잠재고객이 많기 때문에 삼성 파운드리에 여러모로 도움이 될 수 있다(물론 시스템 LSI 사업부에는 잠재적인 경쟁자가 될 수도 있다.).

넷째, 문제가 발생 시 대응능력이 우수하다. 고객이 삼성 파운드리에 위탁하여 칩을 생산한 후, 칩에서 문제가 발생할 경우 삼성 파운드리의 문제해결 능력이 TSMC보다 낫다는 건 충분히 예상할 수 있는 일이다. 이미 아는 바와 같이 삼성전자는 다양한 사업부를 보유하고 있다. 특히 시스템 LSI 사업부가 있기 때문에 파운드리 사업부에서 요청하면 고객의 문제를 충분히 해결해줄 능력이 된다. 그리고 DX 사업 부문으로부터도 문제를 해결하는 데 많은 도움을 받을 수 있다. 나아가 모든 사업부가 삼성전자라는 한 울타리 안에 있기 때문에 문제의 빠른 해결이 가능할 뿐만 아니라 종합적으로 문제를 바라볼 수 있는 시각이 있다.

마지막으로 삼성 파운드리의 서비스 가격이 TSMC의 서비스 가격보다 저렴하다. 물론 삼성 파운드리는 후발주자이기 때문에 TSMC보다 가격적인 메리트를 제공하는 게 당연한 것인지도 모른다. 하지만 고객의 입장에서는 같은 조건이라면 당연히 가격이 저렴한 기업을 선택할 수밖에 없다. 그리고 가격 또한 기업의 경쟁력을 나타내는 중요한 지표다. 같은 품질의 제품을 더 싸게 만들 수 있는 건 기술력이 더 우수함을 뜻하는 방증이기 때문이다. 과거 삼성전자가 메모리반도체에서 일본의 경쟁 반도체 기업들과 비슷한 품질의 제품을 더 싸게 만들어 그들을 퇴출시켰던 것처럼 말이다.

〈표 3〉 삼성 파운드리 VS TSMC의 2nm 경쟁 현황

삼성 파운드리	TSMC
일본 AI 스타트업에서 2나노 기반 AI 반도체 수주	퀄컴, 미디어텍, 브로드컴 등 주요 고객사 확보 계획
퀄컴으로부터 2나노 AP 시제품 제작 의뢰 접수	퀄컴으로부터 2나노 AP 시제품 제작 의뢰 접수
2나노용 ASML 하이 NA EUV 노광장비 확보	바오산, 까오슝 등 대만 현지 2나노 공장 신축
이전 세대인 3나노부터 GAA 방식 적용	2나노부터 GAA 방식 적용
경계현 삼성전자 대표이사 "삼성전자는 냉정하게 TSMC보다 1~2년 뒤처졌지만, 2나노에서는 앞설 수 있다"	웨이저자 TSMC 회장 "지금까지 1곳을 제외하고 모든 고객사가 TSMC와 협력 중"

자료: 머니투데이

지금까지 TSMC와 삼성 파운드리의 다양한 측면을 비교해보았다. TSMC

는 오래된 역사로 인해 비교적 역사가 짧은 삼성 파운드리에 비하면 많은 것을 갖추고 있는 게 어찌 보면 당연한 일이다. 하지만 삼성 파운드리는 삼성전자라는 든든한 배경이 있고 많은 지원을 받을 수 있기 때문에 결코 불리한 입장만은 아니다. 특히 한국 정부는 경제를 살리기 위해 어떻게 해서라도 시스템반도체 사업을 키워야 하는 입장이다. 따라서 정부의 전폭적인 지원을 기대해볼 만한 상황이기도 하다.

미래의 승자는?

과연 TSMC와 삼성 파운드리 중에서 어느 기업이 미래의 승자가 될까? 이미 비교해본 결과로 보면 현재 TSMC가 삼성 파운드리보다 유리한 상황이다. 하지만 현재가 유리하다고 해서 미래도 유리하다고만 볼 수 없다. 삼성전자는 과거 반도체 산업의 불모지와 다름없는 열악한 환경에서 세계 굴지의 반도체 기업들을 모두 제치고 지금은 메모리반도체 분야에서 독보적인 기업이 되었다. 따라서 삼성전자의 지금 상황은 그때와 비교하면 훨씬 나은 상황이며 TSMC를 따라잡을 만한 저력도 충분하게 가지고 있다. 하지만 이런 상황에도 불구하고 현재 양 사의 시장점유율은 3배 이상 차이가 나고 있다. 이는 그만큼 TSMC가 만만한 상대가 아님을 뜻한다. 실제로 TSMC도 삼성 파운드리를 견제하기 위해 많은 투자를 진행하고 있다. 특히 삼성전자와 달리 TSMC는 반도체 불황에도 불구하고 견조한 실적을 올리고 있다. TSMC의 실적은 지속적으로 증가추세이며 이익률도 상당한 수준이다. 이런 높은 이익률은 대규모 투자로 이어지는 선순환의 구조를 만들고 있으며 앞으로 지속적으로 성장할 가능성도 높다. 이런 상황에서 삼성 파운드리로서도 TSMC는 결코 만만한 상대가 아니다. 그럼에도 불구하고 삼성 파운드리는 TSMC를 2030년까지 따라잡겠다고 공언한 이상 어떻게 해서든 따라잡기 위해 온 힘을 기울이고 있다. 그럼 삼성 파운드리가 TSMC를 따라잡기 위해 해야 할 과제는 무엇일까?

일단 가장 중요한 건 2025년 예정인 2nm 공정을 안정적으로 양산하는 것이다. 이를 위해 삼성 파운드리는 안정된 수율을 확보해야 한다. 과거 2022년에도 3nm GAA 공정을 TSMC보다 6개월 정도 먼저 양산하였는데도 불구하고 많은 고객 확보에는 실패했다. TSMC는 FinFET 공정이었는데도 말이다. 이는 더 나은 기술을 먼저 도입하더라도 고객을 확보하지 못하면 큰 의미가 없다는 것을 보여주는 사례다. 이렇게 삼성 파운드리가 더 나은 기술을 먼저 도입하였는데도 불구하고 고객을 확보하지 못한 주요 이유 중 하나는 초기에 수율이 매우 좋지 않았기 때문이다. 반도체 제조에서 안정적인 수율의 확보는 무엇보다 중요하다. 일단 수율이 좋지 않으면 고객에 제품의 신뢰를 줄 수 없을 뿐만 아니라 고객이 요구하는 납품일을 맞추지 못할 가능성이 크기 때문이다. 고객들은 적절한 품질의 안정적인 공급처를 원할 수밖에 없다. 이는 애플, 엔비디아, AMD, 브로드컴과 미디어텍 등이 TSMC에 지속적으로 남아 있는 이유다.

따라서 삼성 파운드리는 2025년 2nm GAA 공정을 일정대로 높은 수율로 양산해야 한다. TSMC도 2nm GAA 공정을 양산하기 때문에 분명 이때가 양 사의 1차 승패를 가르는 분기점이 될 전망이다. 물론 삼성 파운드리에 운도 필요할지 모른다. 바로 삼성 파운드리가 이미 예상하였던 TSMC의 2nm GAA 공정 양산이 순조롭게 진행되지 않는 것이다. 그중에서 삼성 파운드리에 가장 좋은 시나리오(Scenario)는 TSMC가 2nm GAA 공정의 양산을 기술적인 문제로 인해 무기한 연장하는 것이다. 이렇게 되면 삼성 파운드리가 TSMC를 따라잡는 데 시간을 벌 수 있다. 차선의 시나리오는 TSMC가 2nm GAA 공정을 일정대로 무리 없이 양산하더라도 수율이 매우 좋지 않게 나오는 것이다. 이 경우에도 만약 삼성 파운드리가 2nm GAA 공정에서 높은 수율을 만들 수 있다면 TSMC를 따라잡는 데 어느 정도 도움이 될 것이다. 물론 2025년은 삼성 파운드리가 TSMC를 따라잡는 데 있어 1차 관문이기 때문에 2027년, 혹은 2028년이 2차 관문이 될 것으로 보인다. 이때 양 사가 1nm대 공정에 진입하기 때문이다. 하지만 1차 관문에서 삼성 파운드리가 TSMC와의 격차를 얼마나 줄일 수 있느냐가 2차 관문의 격차로도 이어지기 때문에 삼성 파운드리는 1차 관문에서 TSMC와의 격차를 최대한 좁혀놓을 필요가 있다.

물론 앞으로 양 사의 승패를 가를 수 있는 다양한 변수들이 있기 때문에 단지 몇 가지 변수만으로 양 사의 운명이 갈릴 것이라고 볼 수는 없다. 더욱이 양 사의 승패는 다양한 변수들이 결합되어 나타날 가능성이 크기 때문에 어느 기업이 반드시 승리하리라고 예단하기는 쉽지 않다. 하지만 확실한 승패를 가를 한 가지는 분명하다. 그건 바로 고객의 선택을 어느 기업이 더 많이 받을 수 있느냐일 것이다. 이는 양 사의 조건이 동일하다는 전제에서 보면 크게 아래와 같이 몇 가지 요인으로 결정될 확률이 높다.

첫째, 어느 기업이 더 우수한 성능의 반도체를 높은 수율로 제때 양산할 수 있느냐일 것이다. 우수한 성능은 바로 미세화 공정과 GAA 방식을 통해 PPA(Power, Performance, Area)가 좋은 반도체를 생산하는 것이다. 고객은 자사 완제품의 기능 향상을 위해 성능이 우수한 반도체를 원할 수밖에 없다. 따라서 어느 기업이 칩을 빠르고 높은 수율로 우수하게 생산할 수 있느냐에 따라 고객의 선택을 받게 될 것이다.

둘째, 패키징 능력이 어느 기업이 더 뛰어나느냐일 것이다. 지금은 TSMC가 삼성 파운드리보다 앞서 있다. 하지만 삼성 파운드리도 패키징 역량을 크게 강화하고 있다. 만약 시간이 흐른 후 삼성 파운드리의 패키징 역량이 크게 높아져 TSMC를 능가할 수 있게 된다면 삼성 파운드리도 승기를 잡을 수 있다. 최소한 삼성 파운드리가 TSMC와 비교해 패키징 역량이 그리 차이가 나지 않는 수준은 되어야 한다. 특히 최근 추세는 패키징 능력이 미세화 능력 못지않게 중요해지고 있기 때문에 모든 반도체 기업이 패키징에 사활을 걸고 있다.

셋째, 새로운 IP를 어느 기업이 더 많이 확보할 수 있느냐일 것이다. IP의 개수는 팹리스 기업이 파운드리 기업을 선정할 때 중요한 조건이다. 지금 삼성 파운드리와 TSMC의 IP 개수는 대략 5배 이상 차이가 난다. 물론 TSMC는 성숙공정도 많이 진행하여 다양한 고객을 보유하고 있기 때문에 IP 개수가 더 많은 게 당연할 수도 있다. 하지만 주로 사용되는 IP의 개수는 양 사가 거의 차이가 나지 않는다고 알려져 있다. 파운드리 기업의 IP 숫자는 팹리스 기업에 매우 중요한 문제이기 때문에 더 많은 IP를 확보하는 파운드리 기업이 유리할 수밖에 없다.

넷째, 가격을 어느 기업이 더 싸게 제공할 수 있느냐일 것이다. 반도체 시장에서 가격을 싸게 제공하는 기업을 마다할 고객은 없다. 현재 상황에서 삼성 파운드리가 TSMC보다 가격 면으로만 보면 유리한 입장이다. 하지만 삼성 파운드리도 TSMC를 어느 정도 따라잡게 되면 가격을 올릴 수밖에 없다. 지금은 이익률이 너무 낮기 때문이다. 차후 삼성 파운드리가 TSMC와 비슷한 가격으로 서비스를 제공하더라도 모든 조건이 비슷한 제품을 TSMC보다 낮게 제공하기 위해서는 혁신이 필요하다. 결국 비슷한 조건에서 얼마나 고객에 저렴한 가격을 제공할 수 있느냐가 고객의 선택을 받는 데 있어 중요한 요소가 된다.

최근의 분위기는 TSMC보다 삼성 파운드리에 유리해지는 모습이다. 최근 TSMC는 애리조나 팹을 1년 연기하여 2025년 완공할 예정이다. 반면 삼성 파운드리는 TSMC보다 테일러(Taylor) 팹을 늦게 착공하였는데도 불구하고 TSMC보다 먼저 완공할 예정이다. 이는 삼성전자가 1996년부터 텍사스주 오스틴(Austin)에서 메모리반도체 팹을 운영했고 2012년부터는 파운드리 팹으로 전환해 운영하면서 그동안 다양한 경험과 노하우를 쌓을 수 있었기 때문이다. 테일러와 오스틴은 지역적으로도 가까운 위치에 있어 테일러 팹이 어려움을 겪더라도 오스틴 팹으로부터 도움을 받기에 유리한 상황이다. 하지만 TSMC는 미국에 진출하는 게 거의 처음이기 때문에 초기 팹을 운영하기 위한 인재 확보 등에서 어려움을 겪는 상태다. 이건 마치 삼성 파운드리는 홈(Home) 경기를 하고, TSMC는 어웨이(Away) 경기를 하는 것과 같다. 앞으로도 삼성 파운드리보다 TSMC가 팹을 운영하는 데 있어 더 많은 문제를 겪게 될 것으로 보이기 때문에 삼성 파운드리로서는 유리한 입장이다. 특히 미국 팹은 양 사에 매우 중요한 거점이 될 수밖에 없다. 애플, 엔비디아, 퀄컴, 브로드컴과 AMD 같은 대형 팹리스 기업들이 미국에 있기 때문이다. 특히 미국은 팹리스 분야의 시장점유율이 70% 가까이 되기 때문에 양 사의 미국 팹은 전략적으로 고객 확보를 위한 중요한 채널이다. 나아가 고객과 원활한 소통창구로서도 중요한 역할을 할 수밖에 없다.

결론적으로 과연 삼성 파운드리가 TSMC를 따라잡을 수 있을지는 아직 누구도 단언할 수 없다. 하지만 지금의 상황을 보면 삼성 파운드리와 TSMC의 시장점유율 격차는 점차적으로 좁혀질 것으로 보인다. 설령 삼성 파운드리가 TSMC를 따라잡는 데 실패하더라도 점유율 격차가 크게 좁혀지는 것만으로 삼성 파운드리의 사업성과는 성공적이라고 볼 수 있다. 기본적으로 파운드리 시장은 지속적으로 성장하면서 파이가 커지기 때문에 삼성 파운드리도 크게 수혜를 볼 수 있다. 특히 첨단공정인 7nm 이하 파운드리 시장의 성장성은 성숙공정의 성장성보다 높기 때문에 삼성 파운드리의 미래도 밝다고 볼 수 있다. 물론 앞으로 인텔과 라피더스 등이 시장에 들어와 경쟁구도를 형성할 수도 있다. 하지만 시장의 파이가 커지고 삼성 파운드리가 뛰어난 경쟁력을 갖추게 된다면 이들 파운드리 기업의 시장진입이 그리 위협적이지는 않을 것이다.

3
Chapter

새로운 경쟁자의 등장

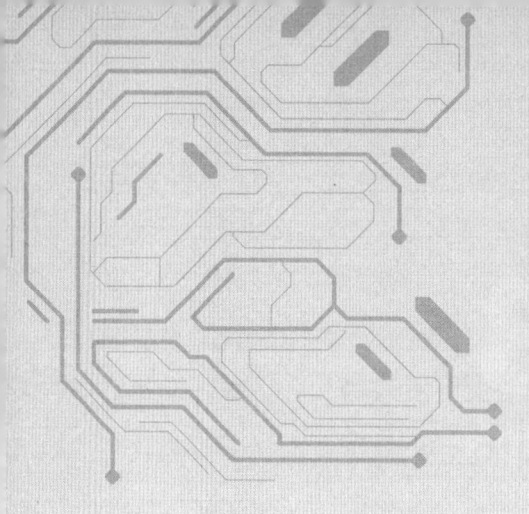

- ▶ 인텔 파운드리 서비스(Intel Foundry Services)
- ▶ 라피더스(Rapidus)
- ▶ 앞으로 첨단공정 파운드리의 경쟁구도

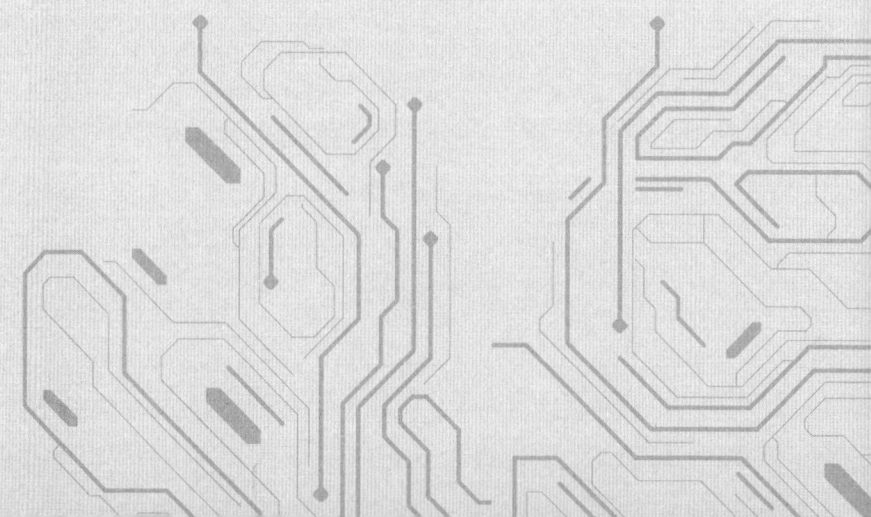

앞서 설명한 대로 파운드리 시장의 경쟁이 치열해질 전망이다. 지금의 삼성 파운드리와 TSMC의 경쟁구도에서 인텔이 조만간 파운드리 시장에 들어오기 때문이다. 원래 인텔은 10여 년 전만 해도 미세공정에서 가장 앞선 기술력을 가지고 있었다. 인텔은 무어의 법칙으로도 알려진 바와 같이, 미세공정의 선두주자로서 오랜 기간 업계를 리드해온 기업이다. 하지만 약 10년 전 인텔에 브라이언 크르자니크(Brian Krzanich)라는 CEO가 등장하면서 이미 독보적인 지위를 점하는 CPU보다는 다른 신규 비즈니스에 초점을 맞추면서 미세화 공정을 등한시하였다. 인텔은 주기적으로 미세화를 진행하는 틱톡(Tick-Tock) 전략을 포기하고 아키텍처(Architecture)의 개선만으로 성능을 높이는 전략을 장기간 구사하면서 미세화의 진전이 TSMC와 삼성 파운드리에 뒤지는 결과를 가져오게 되었다. 결과적으로 이는 인텔의 경쟁력 약화를 가져오게 되었고 인텔의 입지가 좁아지는 악순환을 초래하였다.

과거 인텔도 파운드리 시장에 진입한 적이 있다. 하지만 미세화의 진전이 뒤처지면서 삼성 파운드리, TSMC와의 기술격차가 커지고 제조 능력도 밀리게 됨에 따라 경쟁력을 가지기 어려운 상태였다. 결과적으로 인텔은 2018년 파운드리 사업을 접었다. 하지만 미국 정부의 제조업 리쇼어링 정책에 따른 반도체 기업들에 대한 대규모의 지원과 파운드리 시장의 성장 가능성이 크다는 이유로 인텔은 파운드리 시장에 재진입했다. 인텔은 다른 사업들이 전반적으로 부진한 가운데, 파운드리 사업을 기업의 전략적인 사업으로 키우려는 의도를 가지고 제조 부문을 별도 사업부로 분리하여 'IFS(Intel Foundry Services)'라는 이름으로 새롭게 시작했다. 특히 최근 인텔은 CPU 사업의 부진으로 성장동력을 잃어버린 상태에서 파운드리 사업으로 기업의 명성을 재건하려는 움직임을 보이고 있다. 이에 따라 파운드리 사업에 재진입하면서 빠른 시간 안에 사업을 키우기 위해 글로벌파운드리스를 인수하려 하였지만, 글로벌파운드리스의 반대에 부딪혀 인수에 실패하였다. 하지만 인텔은 파운드리 기업의 인수를 포기하지 않고 이스라엘의 파운드리 기업인 타워반도체(Tower Semiconductor)를 인수하려 하였다. 최근까지도 인수가 무사히 마무리되는 듯 하였으나, 막판에 중국의 반대에 부딪혀 또다시 실패했다.

그렇다고 인텔의 파운드리 사업이 난항을 겪게 될 것 같지는 않다. 이미 IFS는 전 세계 다양한 지역에서 각국의 반도체 지원정책을 적극적으로 활용하여 파운드리 팹을 건설하고 있다. 어떻게 보면 이번 기회가 인텔이 과거의 명성을 되찾을 수 있는 마지막 기회인지도 모른다. 따라서 얼마 전 IFS는 팹리스 분야의 주도권을 쥔 영국의 ARM(Advanced RISC Machine)과 파트너십을 맺었다. 그리고 2nm 공정을 진행하기 위해 필요한 ASML의 High NA 장비를 적극적으로 도입하려는 움직임을 보이는 등 삼성 파운드리와 TSMC보다 공격적으로 미세화 공정을 진행하고 있다. IFS의 계획은 양 사보다 빠른 2024년 2nm 공정에 진입하겠다는 것이다. 물론 이 계획이 계획대로 문제없이 진행될 수 있을지는 두고 봐야 한다. 하지만 IFS가 상당히 공격적인 행보를 보이는 건 사실이다. IFS는 TSMC를 따라잡지는 못하더라도 삼성 파운드리는 따라잡겠다는 계획이어서, 삼성 파운드리에 위협이 되고 있다. 사실 인텔은 IDM 기업으로서 자체적으로 CPU를 만들고 있고 이런 자체 수요만 IFS에서 가져가더라도 매출은 상당히 늘어날 수 있기 때문에 전혀 근거 없는 계획은 아니다. 실제로 삼성 파운드리도 시스템 LSI 사업부의 칩을 생산하면서 많은 매출을 일으키고 있기 때문이다.

마찬가지로 일본도 2022년 7개 대기업과 1개의 은행이 출자하여 라피더스라는 파운드리 기업을 설립하였다. 라피더스는 일본 반도체 산업의 부활을 가져오겠다는 목표하에 일본 정부가 자본을 투자하는 기업이다. 일본 반도체 산업의 상징적인 파운드리 기업으로, 부족한 기술은 미국 IBM과 유럽 IMEC

의 도움을 받기로 하였다. 이에 따라 8개 기업이 70억 엔(약 667억 원)씩 출자하였으며 일본 정부는 700억 엔(약 6,666억 원)을 지원하였다.

사실 그동안 일본은 미세화 공정이 선진국들에 비해 크게 뒤처진 상태였다. 일본이 가진 미세화 공정의 기술 수준은 높아야 40nm대. 하지만 몇 년 전부터 일본은 반도체 산업을 재건하기 위해 TSMC를 끌어들이는 데 성공하여 구마모토에 팹을 건설하였다. 이 팹은 2024년 말 운영될 것으로 보이고 주로 10nm에서 20nm대 카메라용과 차량용 반도체를 생산할 것으로 보인다. 특히 TSMC의 구마모토 팹(사명은 'JASM(Japan Advanced Semiconductor Manufacturing)'이며, 소니, 토요타(Toyota) 그리고 토요타의 계열사인 덴소(Denso)의 합작으로 설립되었다.)은 일본 정부로부터 많은 지원을 받고 있을 뿐만 아니라 소부장 분야에 강점이 있는 일본은 TSMC에도 큰 도움이 된다. 따라서 TSMC는 일본에 두 번째와 세 번째 팹도 조만간 건설할 예정이다.

나아가 라피더스의 2nm 공정 양산 일정은 2027년이다. 라피더스도 IFS와 마찬가지로 상당히 공격적인 일정으로 파운드리 시장에 진입할 계획이다. 과연 일본이 2027년 2nm 반도체의 양산에 성공할 수 있을지는 일본 내에서도 의견이 분분하다. 우선 불가능하다는 입장은 과연 40nm대에서 불과 몇 년 만에 2nm 반도체가 가능한지에 대한 여부다. 물론 일본 독자적으로 추진한다면 절대 불가능할 것이다. 하지만 가능할 수 있는 건 IBM으로부터 다양한 기술지원을 받을 수 있기 때문이다. IBM은 2nm 수준의 공정을 진행할 수 있는 능력이 있다. 따라서 IBM과 IMEC 같은 곳에서 기술을 이전받는다면 가능할 수도 있다. 그럼에도 불구하고 2027년은 삼성 파운드리 그리고 TSMC와 비교해 늦은 시점이다. 이때 양 사는 이미 1nm대 반도체에 진입할 것이기 때문이다. 한편 불가능하다고 보는 또 다른 입장은 2nm 반도체를 개발하려면 명확한 애플리케이션과 대상 고객이 필요하지만, 라피더스는 아직 분명하지가 않다는 점을 이유로 든다. 물론 지금은 AI 분야가 중심이 될 것으로 보이지만 AI 분야도 반도체가 사용될 수 있는 범위가 매우 넓다.

뿐만 아니라 최근 SMIC도 화웨이(Huawei) 폰에 7nm 반도체를 탑재시키면서 공개적으로 7nm 이하 파운드리 시장에 뛰어들었다. 하지만 SMIC는 EUV 장비가 아닌 DUV 장비를 사용하여 멀티 패터닝 방식으로 진입한 것으로 보이기 때문에 다른 파운드리 기업들과는 경쟁이 되지 않을 전망이다. 멀티 패터닝 방식은 여러 번 빛을 쏘여 소재가 더 많이 들고 공정이 길어져서 가격 경쟁력을 가지기 어려울 것으로 보이기 때문이다. 기업이 지속적으로 이익을 내지 못하는 상태에서 정부의 지원이 없다면 존속하기 어려울 게 분명하다. 나아가 수율도 좋지 않게 나올 가능성이 높기 때문에 다른 기업들과 경쟁하기에는 더욱 어려울 것으로 보인다. 나란 앞으로 SMIC는 중국 정부의 적극적인 지원으로 내수시장을 타깃으로 7nm 이하 공정을 진행할 것으로 보고 있다.

7nm 이하의 파운드리 시장이 기존 양강 구도에서 4강 구도로 전환되는 건 고객 입장에서는 반가운 일이지만 삼성 파운드리의 입장에서는 좋은 일이 아니다. 하지만 삼성 파운드리가 7nm 이하 시장에서 독보적인 경쟁력을 가질 수 있다면 경쟁 기업들을 의식하지 않고 오로지 고객 만족만을 바라보면서 사업을 유지할 수 있을 것이다.

인텔 파운드리 서비스
(Intel Foundry Services)

지금 상황으로는 IFS가 신규 진입 기업 중에서 가장 경쟁력을 가진 파운드리 기업이라고 볼 수 있다. 실제 2021년 CEO로 부임한 팻 겔싱어(Pat Gelsinger)는 첫 직장인 인텔에서 30년을 근무하였으며 총 40년 이상 기술과 경영 업무를 진행해온 베테랑이다. 그는 인텔을 설계 중심이 아닌 제조 중심의 기업으로 체질을 바꾸기 위해 파운드리 사업을 성장시키고자 다양한 활동을 전개하고 있다. 그의 계획대로라면 불과 얼마 남지 않은 시일 내 2nm 공정에 진입할 것으로 보인다. 물론 High NA 장비를 아무 문제 없이 운영할 수 있을지, 양산을 2024년에 할 수 있을지, 그리고 수율은 제대로 나올 수 있을지 등에 대한 의문은 여전히 남아 있다. 그렇다 하더라도 그리 길지 않은 시일 안에 IFS는 삼성 파운드리와 TSMC의 경쟁 기업이 될 가능성이 매우 크다. 인텔은 과거 가장 미세화 속도가 빨랐던 선두기업이었기 때문에 절대 무시할 수 없는 기업이다. 특히 미국 정부의 전폭적인 지원과 지지를 받는 기업이기 때문에 삼성 파운드리와 TSMC보다 여러 면에서 유리한 입장이다. 그리고 미국의 팹리스 기업들도 같은 조건이면 자국의 파운드리 기업을 이용하려 할 게 분명하다. 물론 IFS가 삼성 파운드리나 TSMC와 비교해 서비스에 있어 그리 차이가 없다는 조건에서 말이다.

얼마 전 IFS는 영국에 있는 아일랜드(Ireland) 팹 34에서 인텔 4의 양산을 시작하였다. 인텔 4는 EUV 공정을 사용한 차세대 공정으로 인텔 코어 울트라(Intel Core Ultra) 프로세서와 차세대 제온(Xeon) 등을 생산할 예정이다. IFS는 인텔 4를 시작으로 2025년까지 EUV를 활용하는 5개 공정을 완성하며 기술 리더십(Technology Leadership)을 되찾겠다고 선언한 바 있다. 인텔 4는 경쟁 파운드리 기업 기준으로는 7nm 수준이지만, 트랜지스터 집적도 등을 종합하면 4nm급으로 평가된다.[2]

이에 따라 IFS는 2024년 2nm 공정 진입의 가능성에 한발 다가서고 있다. 물론 아직까지 일정대로 양산할 수 있을지는 불투명하다. 하지만 이제 4nm급 공정에 진입하게 된 이상 IFS가 2nm급 반도체를 생산할 가능성이 높아졌다. 특히 2023년 IFS는 연례 개발자 행사인 '인텔 이노베이션 2023'에서 1.8nm급인 18A 공정의 반도체 웨이퍼 시제품을 공개한 적이 있다. 이와 같은 일정은 삼성 파운드리 그리고 TSMC보다 빠른 행보다. 이는 그동안 IFS가 진행해온 미세공정의 로드맵(Road Map)이 결코 헛된 꿈이 아니라는 것을 보여준다.

하지만 IFS가 2024년 2nm 반도체를 양산하더라도 수율은 보장받을 수 없기 때문에 수율을 끌어올리는 게 무엇보다 중요하다. 이미 삼성 파운드리와 TSMC는 일정 수준의 수율에 올라와 있는 상황이기에 IFS가 수율이 좋지 않으면 이들과 경쟁이 되지 않을 것이기 때문이다.

한편 과거 인텔이 파운드리 사업에서 실패하게 된 주요 원인은 바로 파운드리 생태계를 충분하게 조성하지 못했기 때문이다. 지금 IFS의 상황도 그때와 별반 다르지 않다. 따라서 IFS는 부족한 생태계를 보완하기 위해 개방형 생태계 전략을 구사할 것으로 보인다. 개방형 생태계는 부족한 부분은 다른 기업

---

[2] 김재웅, 인텔, 처음 EUV 활용한 '인텔 4' 양산 시작… 차세대 CPU 생산, 메트로신문, 2023년 10월 4일(https://www.metroseoul.co.kr/article/20231004500265)

들과 협력해서 해결하는 것으로, IFS가 할 수 없는 부분은 적극적으로 외부 기업에 맡겨 문제를 해결하는 것이다. 이외에도 IFS는 다른 기업에서 전 공정으로 제작한 웨이퍼의 후 공정을 대신 맡을 수도 있다.

최근 인텔은 내부 파운드리 전략을 발표하였다. 주요 내용은 삼성 파운드리의 경우와 거의 유사하다. 이미 언급한 대로 파운드리 사업을 IFS로 분리하여 고객들의 설계자산 유출에 대한 불안을 잠재우는 것이다. 그리고 인텔 내부에서 설계하는 대부분의 칩을 IFS에서 수주하여 안정적인 매출을 올리는 것이다. 만약 이런 전략이 순조롭게 진행되면 IFS는 삼성 파운드리의 실적을 넘어설 가능성도 크다. 뿐만 아니라 다양한 부문에서 비용도 절약할 수 있을 것으로 보인다.

〈그림 2〉 인텔의 내부 파운드리 모델

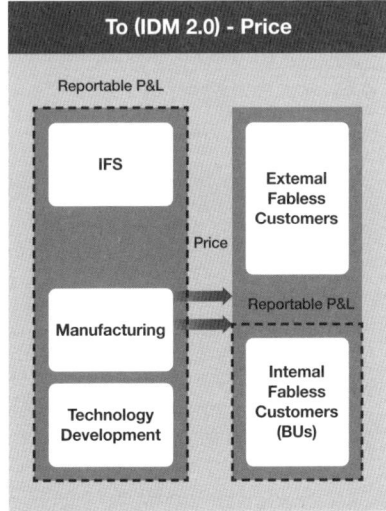

자료: 회사 공개자료

뿐만 아니라 최근 IFS는 전 세계 각 지역에 팹 투자를 결정하였다. 250억 달러를 투자하여 이스라엘(Israel) 남부 지역에 팹을 짓고, 46억 달러를 투자하여 폴란드 브로츠와프(Wrocław) 지역에 패키징 및 테스트 라인을 건설하기로 하였다. 나아가 170억 유로를 투자하여 독일 마그데부르크(Magdeburg)에 팹을 건설하기로 하고 최근 120억 유로를 투자하여 아일랜드 레익슬립(Leixlip)에도 첨단 팹을 건설하였다. 이와 같이 IFS가 적극적으로 투자할 수 있는 이유는 국가마다 팹을 유치하려 경쟁적으로 보조금을 지원하고 있기 때문이다. IFS에는 적은 비용으로 팹을 전 세계적으로 확장하여 파운드리 사업을 키울 수 있는 절호의 기회라고 할 수 있다.

라피더스
(Rapidus)

일본은 1980년대부터 1990년대 초까지 세계 최고 수준의 메모리반도체 기술을 보유하면서 한때 전 세계 50% 이상의 시장점유율을 차지한 적이 있다. 하지만 한국에 그 자리를 내준 후, 지금은 반도체 기술이 전반적으로 크게 떨어진 상태다. 이와 같은 상황에서 미·중 반도체 전쟁이 격화되고 미국이 전략적 판단에 따라 일본에 우호적인 태도를 보이면서, 반도체 산업을 재건할 수 있는 기회가 오고 있다.

특히 몇 년 전 일본 정부가 각고의 노력 끝에 TSMC의 팹을 구마모토에 성공적으로 유치하면서, 지금은 일본 반도체 산업에 대한 기대가 어느 때보다 높아지고 있다. 이런 상황에서 일본이 반도체 산업을 재건하는 게 가능하리라는 컨센서스(Consensus)가 각 분야에서 생기게 되었다. 그러면서 라피더스라는 기업이 설립되었고 라피더스는 일본 반도체에 대한 실낱같은 희망을 상징하는 기업이 되었다.

라피더스라는 사명은 '빠르다'라는 의미의 라틴어로, 일본이 반도체 산업을 빠른 시일 내에 재건시키겠다는 의지를 담고 있다. 라피더스는 토요타, 키옥시아(Kioxia), 소니(Sony), NTT(Nippon Telegraph and Telephone), 소프트뱅크(Soft Bank), NEC(Nippon Electric Company), 덴소, 미쓰비시UFJ(Mitsubishi UFJ) 은행 등이 출자하고 일본 정부가 총 3,300억 엔을 지원하여 정부 주도로 설립된 파운드리 기업이다. 라피더스는 2022년 9월 홋카이도(北海道)에서 기공식을 열고 이미 팹의 착공에 들어간 상태다.

라피더스는 일본 정부로부터 전폭적인 지원과 국민들의 염원으로 일본 반도체 부활의 중심에 있는 기업이다. 일본 정부의 입장에서는 라피더스를 계획대로 순항시키는 게 일본이 반도체 산업을 부활시킬 수 있는 마지막 기회로 보고 있다. 이런 이유로 일본 정부는 혼신의 힘을 다해 어떻게 해서든 2nm 반도체를 2027년까지 양산하려 노력할 것으로 보인다. 물론 일본만의 힘으로는 절대 2nm 반도체의 양산이 가능하지 않기 때문에 IBM이 전략적 파트너로 라피더스의 기술 개발을 지원할 것으로 보인다. IBM은 2nm GAA 방식의 반도체를 2021년 세계에서 처음으로 개발한 기업이기 때문에 라피더스의 2nm 반도체 개발에 키를 쥐고 있다.

〈표 4〉 라피더스의 개요

설립	2022년 8월
사명	라틴어로 빠르다(속공·역습 의지)
출자 기업	도요타, 소니, 소프트뱅크, 키옥시아, NTT, NEC, 덴소, 미쓰비시UFJ은행
정부 지원	3,000억 엔(약 3조 원) 외 추가 지원 예정
단기목표	2027년 2나노 공정 파운드리 양산

자료: 회사 공개자료

일본으로서 그나마 다행인 건 일본이 반도체 소자 분야에서는 크게 부족하지만 소부장의 생태계가 견고하다는 점이다. 그리고 2nm 반도체를 양산하기 위해 필요한 EUV 장비를 생산하는 ASML도 일본에 투자를 결정하고 라피더스를 적극적으로 돕기로 한 상태다. 물론 아직도 일본이 2nm 반도체를 계획대로 생산할 수 있을지는 미지수다. 아직 다양한 변수가 남아 있고 어떤 식으로 일이 진행될지 예측이 불가능하기 때문이다. 그리고 분명 어떤 면에서는 한국도 위협이 될 수 있다. 과거 삼성전자가 메모리반도체 사업을 시작할 때 그 누구도 성공하리라 예상하지 못하였지만 성공한 전례가 있기 때문이다. 따라서 일본이라 불가능하다고 볼 수 없다. 하지만 분명 개발하는 과정에서 다양한 어려움에 봉착하리라는 건 누구나 쉽게 짐작할 수 있다. 그런 어려움을 라피더스가 어떻게 슬기롭게 극복할 수 있느냐가 가장 중요한 관건이 될 것이다. 하지만 최근 라피더스는 삼성 파운드리와 TSMC를 따라잡으려는 기존의 전략을 일부 수정한 것으로 보인다. 이들 기업과 기술격차가 심한 상태에서 무리하게 경쟁하는 것보다, 협력 기반을 구축하는 게 오히려 장기적으로 실익이 크다고 판단한 것으로 보인다.

이에 따라 라피더스 사장인 고이케 아쓰요시(小池淳義)는 『니혼게이자이(일본경제)』 신문에서 2027년 2nm 반도체를 양산하겠다고 말하였지만 삼성 파운드리 그리고 TSMC 같은 경쟁사와 정면 대결할 가능성은 크지 않다고 말했다. 라피더스가 AI와 슈퍼컴퓨터용 반도체 등 특정 분야에만 집중할 계획을 세운 만큼 거의 모든 산업 분야에 쓰이는 반도체를 위탁생산하는 TSMC와 방향성이 다르며, 특히 삼성 파운드리와 TSMC의 반도체 생산 능력을 따라잡아 물량으로 승부를 보려 하지는 않을 것이라는 점도 강조하였다.[3] 더욱이 삼성 파운드리 그리고 TSMC와 경쟁하기에는 기술격차가 심하게 나는 상황일 뿐만 아니라 수율, 단가경쟁력, 공급능력 등에서 경쟁사들을 따라잡기 어렵다는 판단이 작용한 것으로 보인다.

이에 따라 다수의 고객을 상대로 위탁생산 서비스를 제공하는 대신 소수 고

---

[3] 김용원, 일본 라피더스 반도체 사업전략 선회, 삼성전자 TSMC와 정면대결 피한다, 비즈니스포스트, 2023년 5월 18일(https://www.businesspost.co.kr/BP?command=article_view&num=315629)

객에 집중하는 방식을 취하면서 니치마켓(Niche Market)을 공략할 가능성이 커지고 있다. 삼성 파운드리 입장에서는 경쟁사에 대한 부담을 어느 정도 완화할 수 있는 기회가 될 것으로 보인다.

나아가 라피더스가 삼성 파운드리 그리고 TSMC와 경쟁하지 않더라도 2nm 반도체를 2027년 양산하는 게 무리가 아닌지 의문이 들 수 있다. 특히 일본의 시스템반도체 미세공정 능력은 아직도 40nm대에 머물고 있으며 메모리반도체도 10nm대 중반 정도의 수준이기 때문이다. 이에 따라 일본의 기술력은 삼성 파운드리와 20년 정도의 격차가 존재하며 일본도 이를 인정하고 있다.

하지만 라피더스가 계획된 로드맵대로 진행할 가능성은 충분하다. 그 이유를 들면 다음과 같다.

첫째, 미국이 적극적인 지원을 하고 있기 때문이다. 앞으로도 미국은 삼성 파운드리와 TSMC에 의존하여 2nm 반도체를 생산할 것으로 보인다. 하지만 한국과 대만은 전쟁이라는 지정학적 위험이 도사리는 지역이다. 따라서 이런 위험이 없는 우방 국가인 일본에 첨단 파운드리 팹을 짓게 된다면 미국의 입장에서도 위험을 분산할 수 있기 때문에 나쁘지 않은 선택일 것이다. 이와 같은 이유로 IBM이 라피더스의 2nm 반도체 개발 프로젝트(Project)에 적극적으로 도움을 주는 것으로 보인다. 나아가 부족한 부분에 대해서는 전 세계 반도체 연구개발의 메카(Mecca)인 IMEC도 라피더스에 적극적으로 도움을 줄 수 있는 상황이기 때문에 충분히 계획대로 진행될 가능성이 있다.

둘째, 일본의 소부장 생태계가 최강의 환경을 갖추고 있기 때문이다. 일본은 신에츠(Shin-Etsu)와 썸코(Sumco) 같은 굴지의 웨이퍼 제조기업을 가지고 있으며 JSR(Japan Synthetic Rubber)과 도쿄오카공업(TOK) 같은 포토레지스트(PR) 기업들도 매우 유명하다. 나아가 장비 기업으로는 도쿄일렉트론(TEL)과스크린 홀딩스(Screen Holdings) 같은 기업도 막강한 힘을 가지고 있다. 이와 같은 소부장 생태계는 2nm 반도체를 생산하는 데 밑거름이 될 수 있다.

결과적으로 라피더스는 10년 내에는 삼성 파운드리의 직접적인 경쟁 기업이 되지는 못할 전망이다. 하지만 10년 후 라피더스가 지속적으로 경쟁력을 갖추고 상황이 바뀌게 되면 언제든 경쟁 기업으로 변할 수 있기 때문에 이를 경계할 필요가 있다.

앞으로 첨단공정 파운드리의 경쟁구도

앞으로 최첨단 파운드리 시장의 경쟁은 어떤 식으로 진행될까? 지금의 상황으로 보면 역시 TSMC가 가장 유리한 입장이다. 그동안 TSMC의 시장점유율이 지속적으로 50% 이상을 유지하고 있기 때문에 당분간 50%대의 점유율을 그대로 유지할 것으로 보인다. 하지만 삼성 파운드리와 IFS의 시장점유율이 오를 가능성이 크다. 우선 삼성 파운드리는 2nm 공정을 2025년부터 양산할 가능성이 높기 때문에 이 시점이 삼성 파운드리의 시장점유율을 올릴 가능성이 가장 큰 시기라 볼 수 있다. 특히 TSMC가 2nm 공정을 지연시키거나 수율이 낮게 나오게 될 경우 삼성 파운드리에 큰 기회가 될 수 있다. 이런 시나리오는 충분히 가능성이 있다. 삼성 파운드리의 경우 이미 3nm GAA 방식을 도입하여 수율을 안정시키고 60% 이상 끌어올린 상태이기 때문에 2nm 공정에서도 나쁘지 않은 수율을 달성할 것으로 보인다. 하지만 TSMC는 양산이 계획대로 2025년 진행될 수 있을지, 아니면 수율이 좋게 나올 수 있을지 불확실한 상황이다. 즉, TSMC는 GAA 방식을 처음 도입하는 것이기 때문에 여러 가지 측면에서 불확실성이 높은 상태다. TSMC로서도 언제 어떤 문제가 발생할지 예측할 수 없다. 삼성 파운드리도 이런 상황을 감안하여 TSMC를 따라잡겠다고 하는 것이다. 특히 최근 TSMC는 미국 애리조나 팹의 양산을 1년 연기하고 애플 아이폰 15 프로에 들어가는 A17 프로 AP에서 발열이 발생하는 등 불안한 모습을 보이고 있다. 아울러 최근 TSMC는 시장점유율이 조금씩 떨어지고 있지만 삼성 파운드리는 조금씩 오르는 모습도 보이고 있다. 뿐만 아니라 그동안 TSMC가 시장점유율을 높이는 데 크게 기여한 강점인 보유 IP 개수와 패키징 능력을 삼성 파운드리가 빠르게 따라잡고 있는 상황이다. 물론 TSMC도 나름 시장점유율을 유지하기 위해 많은 노력을 기울이고 있지만 지금의 상황에서 기존 고객과의 신뢰 관계에만 의존하기에는 불안한 상황이다.

뿐만 아니라 IFS도 급속도로 미세공정을 발전시키면서 서서히 존재감을 드러내고 있다. 특히 조만간 기존에 생산하는 CPU와 GPU 등의 제조 분야를 IFS의 매출로 일으킬 수 있기 때문에 IFS가 삼성 파운드리의 매출을 넘어 2위 파운드리 기업으로 올라설 가능성도 있다. 그리고 IFS의 미세공정 로드맵이 삼성 파운드리와 TSMC보다 빠르기 때문에 만약 실현이 된다면 삼성 파운드리와 TSMC의 고객을 빼앗을 가능성도 있다. 특히 IFS는 미국 정부가 전략적으로 키울 목적으로 전폭적인 지원을 할 가능성이 크기에 아무래도 삼성 파운드리와 TSMC보다 유리한 입장이다. 나아가 엔비디아, 퀄컴, 브로드컴과 AMD 등과 같은 대형 팹리스 기업들도 이왕이면 국내 파운드리 기업을 이용하려 할 것으로 보이기 때문에 IFS가 여러 방면에서 경쟁 기업들보다 혜택을 받을 가능성이 크다.

물론 IFS가 일정대로 2nm 시장에 무사히 진입할 수 있을지는 아직 미지수다. 하지만 IFS는 4nm급 반도체를 이미 양산 중이기 때문에 그리 멀지 않은 시간 내 2nm 시장에도 진입이 가능할 것으로 보인다. 단지 그 시점이 언제가 될 것인지와 어느 정도 수율이 나올 수 있을지가 관건이다.

얼마 전 퀄컴 같은 대형 팹리스 고객이 IFS의 기술적 측면의 서비스와 지원 능력이 부족해 IFS에 맡기는 것을 포기한 적이 있다. 물론 아직 IFS의 기술 능력이 부족한 게 사실이지만 앞으로 개선의 여지는 충분하다. 어떤 기업이든 처음 시장에 진입한 시점부터 완벽할 수는 없기 때문이다. 앞으로 IFS가 부족한 부분을 적절하게 보완한다면 어떤 식으로든 삼성 파운드리에 영향을 미칠 것으로 보인다. 특히 삼성 파운드리가 수주해야 하는 미국 팹리스 고객의 주문을 IFS에 빼앗길 가능성이 있다. 따라서 삼성 파운드리는 어떻게 해서든 고객들에 IFS를 이용하는 것보다 큰 메리트를 주어야 한다. 그것이 가격적인 측면이든 기술적인 측면이든 말이다.

삼성 파운드리는 3nm 공정보다 2nm 공정에 중점을 둘 것으로 보인다. 삼성 파운드리는 앞으로 메인(Main) 공정이 될 2nm 공정에서 어떻게든 TSMC와의 시장점유율 격차를 줄여야 하기 때문이다. 지금도 파운드리 시장이 아직 불황의 늪에서 완전히 빠져나오지 못하는 상황에서 TSMC는 장비반입을 늦추고 투자를 줄이고 있지만 삼성 파운드리는 오히려 투자를 늘리는 상황이다. 그동안 삼성전자는 불황일 때 투자하여 호황이 오면 경쟁사와의 격차를 넓히는 전략을 구사했다. 이런 투자전략은 오랜 기간 지속되어 온 삼성전자의 DNA다. 특히 삼성 파운드리는 TSMC를 따라잡기 위해 용인에 300조 원을 단계적으로 투자할 예정이다. 사실 삼성 파운드리는 TSMC와 비교해 규모가 3배 이상 차이 나는 게 현실이다. 일단 삼성 파운드리는 인원부터라도 TSMC와 비슷한 수준으로 늘려야 한다. 물론 인원을 급격하게 늘리는 데 있어 적합한 인력을 구하기가 만만치 않은 상황이기 때문에 어려운 점이 많을 것이다. 하지만 TSMC를 따라잡기 위해서는 인원을 늘리는 게 가장 중요하다. 나아가 IP 개수와 팹의 개수 등도 TSMC와 비슷한 수준이 되어야 따라잡을 가능성이 커진다.

장기적인 관점에서 보면 2nm 공정은 삼성 파운드리, TSMC와 IFS의 3강 구도로 경쟁이 이어질 것으로 보인다. 그나마 이들 3개 기업에 다행인 건 2nm 공정이 양산되는 시점이 되면 파운드리 시장이 호황을 맞게 되고 첨단공정의 시장 규모가 크게 늘어날 것으로 예상된다는 점이다. 그리고 이들 3개 기업이 시장의 파이를 나누어 가질 가능성이 크다. 물론 그때도 TSMC가 가장 큰 시장을 가져갈 것으로 보고 있다. 사실 삼성 파운드리와 IFS는 자체 칩 제조의 수요만으로도 어느 정도 매출을 일으킬 수 있기 때문에 안정적으로 사업을 유지할 수 있는 측면도 있다. 하지만 이런 비즈니스 형태가 고객으로부터 주문을 수주하는 데 큰 걸림돌이 되는 것도 사실이다. 고객이 이들 기업에 설계자산을 빼앗길지 모른다고 생각하고 위탁생산을 맡기지 않을 가능성이 있기 때문이다. 하지만 지금 상황에서는 대규모 투자가 필요한 시점이기에 삼성 파운드리와 IFS는 각각 삼성전자와 인텔로부터 투자금을 받을 수밖에 없어 분리가 어려운 상태다.

앞으로 3사 간 치열한 경쟁이 예상되고 있지만, 삼성 파운드리와 IFS의 획기적인 변화가 없는 한 당분간 TSMC의 시장점유율은 종전과 비슷하거나 조금 떨어지는 수준에 머무를 가능성이 크다.

Chapter 4

기타 파운드리 기업 현황

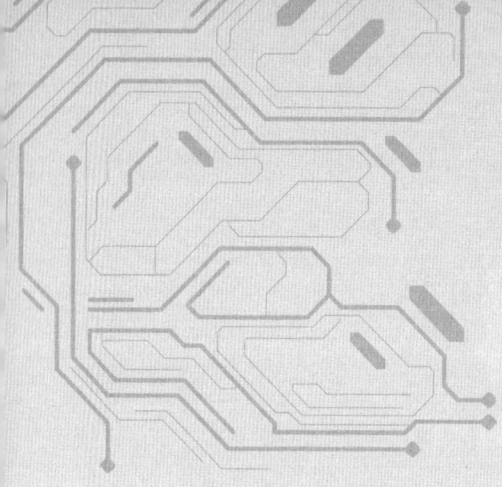

- ▶ UMC(United Microelectronics Corporation)
- ▶ 글로벌파운드리스(Globalfoundries)
- ▶ SMIC(Semiconductor Manufacturing International Corporation)
- ▶ SK하이닉스 파운드리
- ▶ 화홍반도체(HuaHong Semiconductor)
- ▶ DB하이텍
- ▶ 타워반도체(Tower Semiconductor)
- ▶ VIS(Vanguard International Semiconductor Corporation)
- ▶ PSMC(Powerchip Semiconductor Manufacturing Corporation)

지금까지 첨단공정을 진행하는 삼성 파운드리, TSMC와 IFS에 대해 살펴보았다. 그럼 이제부터는 10nm 이상의 성숙공정을 진행하는 파운드리 기업들에 대해 알아보도록 한다. 아직도 파운드리 시장은 첨단공정보다 성숙공정의 시장이 크기 때문에 10nm 이상의 파운드리 시장에서의 경쟁도 치열한 상황이다. 특히 TSMC는 성숙공정에서도 가장 큰 시장점유율을 점유한 기업이지만 삼성 파운드리는 성숙공정에는 그리 중점을 두지 않고 있다. 하지만 4차 산업이 본격적으로 성장하면 10nm 이상의 성숙공정의 칩도 다양한 애플리케이션(Application)에 사용이 될 수밖에 없다. 예를 들면 IoT와 전기차에는 아직도 20nm대의 반도체가 많이 쓰이고 있다. 특히 중국은 미국의 강력한 제재에 따라 EUV 장비를 들여오지 못하고 있기 때문에 10nm 이상의 공정을 집중적으로 키우고 있다. 이에 따라 SMIC, 화홍반도체와 넥스칩 등과 같은 파운드리 기업의 성장세가 가파르게 나타나고 있다.

뿐만 아니라 UMC와 글로벌파운드리스와 같은 기업들도 10nm 이하 공정의 진입을 포기하였지만 이들 기업의 성장세도 두드러지게 나타나고 있다. 이들 기업은 10nm 이하의 공정이 EUV 장비를 도입해야 하는 등 너무 많은 투자금이 필요하여 사업의 리스크가 크기 때문에 과감히 10nm 이하 공정 진입을 포기하였다. 굳이 많은 금액이 드는 첨단공정에 진입하지 않더라도 성숙공정으로 충분히 생존할 수 있다고 판단하였기 때문이다(물론 성숙공정에서 첨단공정으로 이전되는 수요는 매년 늘어날 것이다. 따라서 언젠가는 10nm 이하 수요가 10nm 이상의 수요보다 커지는 시기가 올 것이다.).

성숙공정의 수요는 앞으로도 오랜 기간 지속될 뿐만 아니라 성숙공정의 파운드리 시장의 진입장벽도 높은 편이기 때문에 성숙공정의 파운드리 기업들도 안정적인 매출을 올릴 것으로 보고 있다. 특히 앞으로도 주요 국가들이 반도체 기업에 대해 적극적으로 지원함에 따라 많은 팹리스 기업이 새롭게 시장에 진입할 것으로 보인다. 그리고 팹리스 기업이 많이 생겨나면 생겨날수록 파운드리 기업이 받는 수혜는 커질 수밖에 없다. 따라서 앞으로 반도체 시장의 불황이 완전히 끝나고 나면 성숙공정의 파운드리 기업도 갑과 같은 을의 위치에서 존재감을 발휘할 것으로 보고 있다. 나아가 주요 국가마다 반도체 제조 분야를 적극적으로 육성하고 있기 때문에 파운드리 기업도 자국 정부로부터 재정 지원뿐만 아니라 그 밖의 다양한 혜택을 볼 것으로 보인다.

결론적으로 성숙공정의 파운드리 기업들도 큰 성장이 예상된다. 성숙공정의 대표적인 파운드리 기업이 바로 UMC와 글로벌파운드리스다. UMC는 대만 기업으로 원래 IDM 기업이었지만 대만의 파운드리 사업이 번창하기 시작하면서 순수 파운드리 기업으로 비즈니스 모델을 바꾼 기업이다. 글로벌파운드리스는 원래 AMD의 제조 부문이 떨어져 나가 설립된 기업으로 아랍에미리트(UAE) 국부펀드가 100%의 지분을 가진 기업이다. 한때 인텔이 파운드리 사업에 재진출하면서 인수를 진행하려 하였지만 실패한 적이 있다. 아울러 UMC와 글로벌파운드리스의 시장점유율 격차는 오랫동안 그리 차이가 나지 않고 있다.

나아가 앞서 말한 대로 중국 파운드리 기업으로는 SMIC가 유명하다. SMIC는 중국 정부에서 전폭적으로 지원하는 기업으로, 얼마 전 7nm 반도체를 화웨이 폰에 탑재시키면서 주목받고 있다. 이외에도 8인치 웨이퍼로 칩을 생산하는 이스라엘의 타워반도체는 인텔에서 인수하려 하였지만 최종적으로 실패한 것으로 알려져 있다. 마지막으로 국내 8인치 파운드리 기업으로 SK하이닉스의 자회사인 SK하이닉스 시스템IC와 SK키파운드리, 그리고 DB그룹의 계열사인 DB하이텍이 있다. 지금도 DB하이텍은 지속적으로 생산 캐파를 늘리고 있다.

UMC
(United Microelectronics Corporation)

UMC는 대만의 순수 파운드리 기업으로 대만에서 TSMC 다음으로 규모가 큰 기업이다. 대만 최초의 반도체 기업으로 TSMC보다 역사가 길다. UMC는 IDM 기업으로 1980년 설립되었지만 1995년부터 파운드리 기업으로 전환하였다. UMC는 10nm 이하의 공정 진입을 포기하였으나 지속적으로 성장하는 기업이다. UMC는 한때 전 세계에서 TSMC 다음으로 시장점유율이 높았지만, 지금은 삼성 파운드리에 2위 그리고 글로벌파운드리스에 3위 자리를 내주고 4위에 머물고 있다. 하지만 UMC는 아래 〈표 5〉와 같이 최근 매출이 매년 지속적으로 증가하고 있다.

〈표 5〉 UMC의 연도별 매출 추이 손익계산서(단위: 십억 NT$)

구분	2022	2021	2020	2019	2018
매출액	278.7	213.0	176.8	148.2	151.2
매출이익	125.7	72.0	39.00	21.3	22.8
영업이익	104.2	51.6	22.00	4.7	5.8
순이익	88	55.1	27.2	6.1	2.6

자료: 회사 공개자료

UMC는 대만, 중국, 일본, 싱가포르에 12개의 팹(12인치 4개, 8인치 7개, 6인치

1개)을 가지고 매달 8인치 기준으로 85만 장의 웨이퍼를 생산하며 직원을 2만 명 이상 보유하고 있다. UMC의 고객은 400개사가 넘고 최근 중점을 두는 애플리케이션은 5G, AI, IoT, 자동차 등이다. 특히 최근 UMC는 R&D 분야에 많은 투자를 진행하면서 1만 5,000개 가까운 특허를 보유하고 있다. UMC는 고객 대부분이 북미와 아시아 지역에 있는데, 그중 90% 이상이 팹리스 고객이고 10% 이내가 IDM 고객이다.

아래 〈그림 3〉은 UMC의 애플리케이션별 매출 비중 그래프로, 그래프를 보면 통신 분야가 45%, 소비자 분야가 26%, 컴퓨터 분야가 15%를 차지하고 있다.

〈그림 3〉 최근 UMC의 애플리케이션별 매출 비중

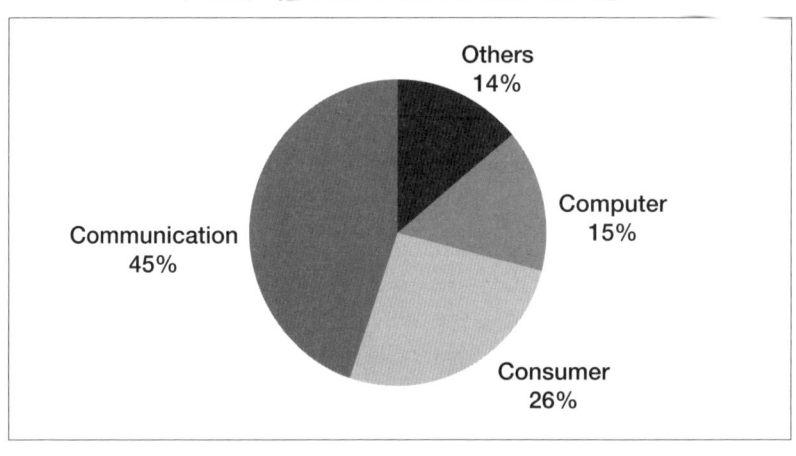

자료: 회사 공개자료

UMC는 삼성전자 시스템 LSI 사업부와 협력을 맺은 것으로 알려져 있다. 삼성전자 시스템 LSI 사업부는 이미지센서와 DDI(Display Driver IC) 등을 UMC에 위탁하여 생산하고 있다(삼성 파운드리는 첨단공정에 중점을 두고 있기 때문에 시스템 LSI 사업부에서도 만약의 사태에 대비해 복수의 파운드리 기업을 가져가는 게 안전하다.). 이 제품들은 주로 UMC의 12인치 28nm 공정에서 생산된다. UMC는 대만 난커(南科) 지역 P6 신규 라인에 삼성전자가 장비를 지원하는 조건으로 삼성전자와 장기적인 공급계약을 체결한 것으로 알려져 있다.

과거 UMC는 TSMC와 경쟁 관계였지만 지금은 협력관계에 더 가깝다. TSMC는 첨단공정에 집중하고 UMC는 성숙공정의 수요를 감당하는 식이다. UMC의 고객 확장 추세도 주목할 만하다. 2023년 차량용 반도체 세계 1위 기업인 독일 인피니언테크놀로지스(Infineon Technologis)에 차세대 차량용 메모리반도체와 MCU에 대한 공급이 확정되었다. 이 칩들은 싱가포르에 있는 UMC의 40nm 공정에서 생산된다.[4] 나아가 2022년 UMC는 일본 자동차 부품 기업인 덴소와 차량용 전력반도체의 제조에 협력하기로 하였다.

한편 2023년 반도체 불황으로 인해 UMC의 8인치 팹 가동률이 50% 수준으로 떨어진 적이 있다. 하지만 2023년 3분기부터 조금씩 살아나기 시작하면서 2024년 중반부터는 본격적으로 높아질 것으로 보인다. 특히 UMC는 일본 미에현(三重県)에 팹이 있는데 추가로 인근 지역에 팹의 건설 방안을 검토 중인 것으로 알려져 있다. UMC는 이미 5G와 차량용 반도체 수요를 감당하기 위해 싱가포르에도 50억 달러를 투자해 추가로 12인치 신규 팹의 건설에 들어갔으며 2024년 22nm에서 28nm까지의 공정으로 칩을 양산한다는 목표를 가지고 있다.

---

4   박해리, '작지만 알짜' UMC, '100조 투자' 선언 인텔… 파운드리 지각변동 중, 중앙일보, 2023년 5월 10일(https://www.joongang.co.kr/article/25161483#home)

글로벌파운드리스
(Globalfoundries)

글로벌파운드리스는 AMD의 제조 부문이 매각되어 설립된 기업으로 지금은 아랍에미리트의 국부펀드가 소유하고 있지만 본사는 미국 뉴욕주 말타(Malta)에 위치한 기업이다. 몇 년 전 글로벌파운드리스는 사업부진 등으로 재정적 어려움을 겪기도 했지만, 최근 차량용 반도체 시장의 급성장과 2021년 나스닥 시장 상장으로 지금은 안정적인 비즈니스를 영위하고 있다. 현재 글로벌파운드리스는 나스닥 상장으로 자금 사정이 과거보다 크게 안정되었지만, 과거 재정적 리스크가 큰 이유로 인해 UMC와 마찬가지로 10nm 이하 공정에 진입 포기를 선언한 적이 있다. 그동안 글로벌파운드리스는 UMC와 비슷한 시장점유율을 보유하고 있었기 때문에 UMC와 순위가 종종 바뀌는 경우도 많았다.

〈표 6〉 글로벌파운드리스의 실적 현황(단위: 백만 달러)

기간	2022-06-30	2022-09-30	2022-12-31	2023-03-31	2023-06-30
매출액	1993	2074	2101	1841	1845
매출원가	1455	1464	1479	1326	1313
판매관리비	241	253	240	220	238
영업이익	297	357	382	295	294

자료: 회사 공개자료

지금도 글로벌파운드리스는 UMC와 비슷한 6%대 시장점유율로 경쟁 관계를 유지하고 있다.

글로벌파운드리스는 코로나19 이후 미국의 반도체 제조 리쇼어링 정책에 의한 전폭적인 재정지원에 따라 정부로부터 많은 지원을 받을 것으로 보인다. 이에 따라 최근 글로벌파운드리스는 칩스 법에 근거하여 미국 정부에 신규 라인의 증설과 현대화를 위해 자금지원을 요청한 것으로 밝혀지고 있다. 특히 글로벌파운드리스는 코로나19 사태를 계기로 전 세계적으로 차량용 반도체 부족을 겪으면서 차량용 반도체 사업에 중점을 두고 있다. 최근 자국 완성차 기업인 포드 그리고 GM과 독점적인 차량용 반도체 공급계약을 맺었다. 결과적으로 글로벌파운드리스는 2023년 2분기 기준으로 차량용 반도체의 매출이 전년도의 4%에서 13%로 크게 증가하였으며 앞으로 상승폭은 더 커질 것으로 보고 있다. 현재 글로벌파운드리스에 차량용 반도체를 위탁생산하는 고객은 보쉬(Bosch), 폭스바겐(Volkswagen), NXP와 인피니언 등이다.

뿐만 아니라 미국 국방부는 최근 글로벌파운드리스의 뉴욕 말타 팹을 국방 반도체 공급 기업으로 선정하고 항공우주와 방위응용 분야에서 신뢰성 있는 반도체를 생산할 수 있는 인증을 부여하였다. 이에 따라 글로벌파운드리스의 가장 미세한 공정인 12nm FinFET 등에서 생산되는 첨단 반도체를 미국 국방부의 육군·해군·공군·우주 안보 시스템에 사용하게 되었다.[5] 나아가 최근 방산 기업인 록히드 마틴(Lockheed Martin)과도 국가보안용 차세대 반도체를 공급하는 계약을 체결하였다.

글로벌파운드리스의 팹은 독일, 싱가포르와 미국에 위치하고 있으며 싱가포르에 40억 달러(약 5조 3,000억 원)를 투자해 확장한 팹을 2023년부터 가

---

5 김승훈, 글로벌파운드리스, 美 정부 등에 업고 왕의 귀환할까?, 테크월드뉴스, 2023년 9월 7일
 (https://www.epnc.co.kr/news/articleView.html?idxno=236194)

동하기 시작하였다. 앞으로 이 팹에서 300mm 웨이퍼로 연간 45만 장을 생산할 예정이다. 나아가 최근 ST마이크로(STMicro)와 같이 프랑스 남부 크롤(Crolles) 지역 근처에 팹을 건설하기로 하였으며 300mm 웨이퍼 기준으로 연간 62만 장을 생산할 예정이다. 결과적으로 글로벌파운드리스는 해외 생산기지의 확대를 통해 매년 생산 캐파(Capacity)가 지속적으로 증가하는 추세다.

최근 글로벌파운드리스는 앰코테크놀로지(Amkor Technology)와 같이 전략적 파트너십 계약을 맺었다. 이와 같은 파트너십으로 글로벌파운드리스는 독일 드레스덴(Dresden) 팹에서 웨이퍼 생산을 하고, 앰코테크놀로지의 포르투갈 팹에서 OSAT 서비스를 받을 수 있다. 이를 통해 EU와 북미 지역에 차량용 반도체를 원활하게 공급할 수 있게 되었다.

결론적으로 글로벌파운드리스는 미국 정부의 전폭적인 지원을 받으면서 다른 파운드리 기업보다 유리한 위치에 있는 기업이다. 특히 파운드리 시장이 본격적으로 성장하는 2024년부터는 매출도 다시 크게 오를 것으로 보고 있다.

SMIC
(Semiconductor Manufacturing International Corporation)

SMIC는 중국 상하이(上海市)에 본사를 두고 중국 정부로부터 전폭적인 지원을 받는 중국의 대표적인 파운드리 기업이다. SMIC가 성장해야 중국 팹리스 기업들도 성장할 수 있기 때문에 중국 반도체 굴기의 키를 쥐고 있는 기업이라 볼 수 있다. 현재 SMIC는 중국 정부로부터 가장 많은 재정 지원을 받는 기업 중 하나다. 이와 같은 지원을 바탕으로 SMIC는 급성장 중이고 시장점유율도 지속적으로 높아지는 추세다. 현재 SMIC는 전 세계 파운드리 기업 순위 5위를 기록하고 있으며 중국에서는 1위를 차지하고 있다. 특히 중국 3,500개 팹리스 기업 중 많은 기업이 SMIC와 거래 중이다. 현재 SMIC에 재직하는 인원은 2만 2,000명 이상에 이르고 있다.

현재 량멍송(梁孟松)이 2017년부터 SMIC의 공동대표로 근무하고 있다. 과거 그를 통해 TSMC와 삼성 파운드리의 기술력이 크게 향상된 적이 있기 때문에 량멍송은 반도체 업계의 핵심인물로도 알려져 있다. 그가 SMIC의 CEO를 맡게 되면서 SMIC의 기술력도 점진적으로 높아지고 있다. 량멍송은 SMIC의 공정 수율을 크게 끌어올렸을 뿐만 아니라 첨단 반도체 공정 개발에 나서면서 불과 3년 만에 28nm에서 7nm까지 5세대 기술 개발을 이끌었다.[6]

---

6 김재현, TSMC·삼성 거쳐 中반도체 업계를 뒤흔드는 남자, 량멍송, 머니투데이, 2023년 10월 18일(https://news.mt.co.kr/mtview.php?no=2023101713493925814)

이와 같이 SMIC는 기술 수준도 상당히 높은 편이어서 미국 정부에서도 경계를 늦추지 않고 지속적으로 제재를 가하고 있는 기업이다. 특히 미국에 의해 EUV 장비의 반입이 금지되었는데도 불구하고 최근 7nm 반도체를 생산해 화웨이 폰에 탑재시키면서 더욱 경계의 대상이 되었다. 원래 SMIC는 오래전부터 EUV 장비를 들여와 7nm 반도체를 생산할 예정이었다. 하지만 미국의 제재에 따라 불가능해지면서 최근 DUV 장비를 이용한 멀티 패터닝 방식으로 빛을 여러 번 쏘여 7nm 반도체를 개발한 것으로 알려져 있다. 특히 그동안 SMIC는 성숙공정만으로 중국 내수의 수요가 많기 때문에 성장도 빠르게 한 편이다. 물론 최근까지 SMIC도 반도체 불황을 겪으면서 매출이 하락하였지만 중국에 팹리스 기업들이 많기 때문에 국내 수요만으로도 성장에 문제가 전혀 없다. 특히 SMEE(Shanghai Micro Electronics Equipment)라는 중국 상하이의 장비 기업은 28nm 반도체를 생산할 수 있는 포토 장비를 SMIC에 공급할 것으로 보인다. 이렇게 되면 SMIC의 반도체 제조에도 많은 도움이 될 것이다. 현재 28nm는 차량용 반도체를 생산할 수 있는 공정인데, 중국 내 전기차 생산이 급속하게 증가하고 있기 때문이다.

중국 정부는 어떻게 해서든 SMIC를 성장시켜야 하는 입장이다 보니 앞으로도 많은 자금을 SMIC에 지원할 것으로 보인다. SMIC의 팹은 모두 중국 내에 위치하고 있으며(베이징(北京), 선전(深圳), 상하이, 톈진(天津)) 생산 캐파도 지속적으로 늘어나는 추세다. 추가로 SMIC는 베이징, 상하이, 톈진에 12인치 팹을 건설 중이다.

앞으로도 SMIC는 중국 내수시장을 기반으로 성장할 것으로 보고 있다. 중국은 2025년까지 반도체 자급률을 70%까지 올리겠다는 야심을 아직 버리지 못하고 있다. 이런 목표를 달성하려면 SMIC가 매우 중요한 역할을 할 수밖에 없다.

<그림 4> SMIC의 파운드리 생태계

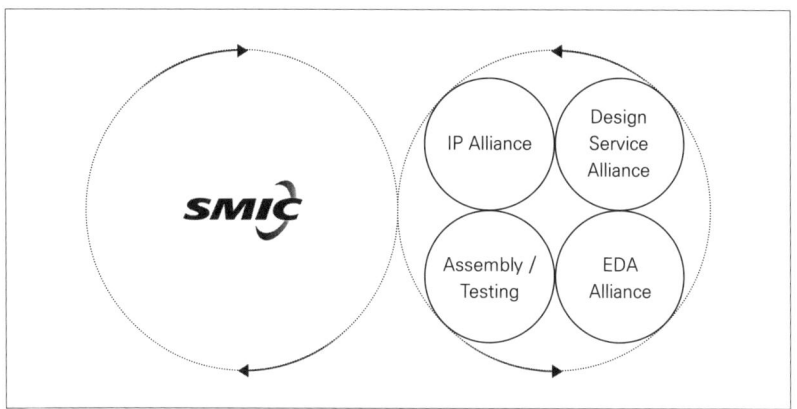

자료: 회사 홈페이지

　지금 성숙공정의 파운드리 시장도 불황이 끝나가면서 상승세를 보이고 있을 뿐만 아니라 정부의 자금지원도 지속될 것으로 예상된다. 특히 SMIC는 정부의 자금으로 7nm 이하 반도체도 계속해서 개발할 가능성이 크다. 이에 따라 삼성 파운드리에 영향을 미칠 가능성도 있다. 물론 앞으로도 미국의 제재는 더욱 강화될 게 분명하기 때문에 중국으로 DUV 장비의 반입조차도 쉽지 않을 것이다.

SK하이닉스 파운드리

SK하이닉스는 두 개의 파운드리 기업을 자회사로 보유하고 있다. 첫 번째는 SK하이닉스 시스템 IC로, 2017년 분사해 설립한 기업이다. 두 번째는 SK키파운드리(SK Keyfoundry)로, 원래 하이닉스 반도체의 비메모리 사업부였는데 2022년 SK하이닉스에 인수되었다. 두 기업 모두 8인치 아날로그 파운드리로 각각 매달 10만 장 정도의 생산 캐파를 보유하고 있다. SK하이닉스 시스템 IC는 최근 거점을 중국 우시(无锡)로 이전하여 중국 팹리스 고객을 대상으로 영업 활동을 진행하고 있다. 그리고 SK키파운드리는 청주에서 주로 국내를 포함한 유럽과 북미 시장을 대상으로 영업 활동을 진행하고 있다. SK하이닉스가 키파운드리를 인수한 주요 이유는 사업 자체가 아직도 DRAM 분야에 치중되어 있기에 시스템반도체 시장을 공략하여 위험을 분산하겠다는 목적이 있었기 때문이다. SK하이닉스는 키파운드리 인수에 따라 파운드리 생산 캐파가 매달 20만 장 가까이 되었다. 하지만 최근 8인치 파운드리 기업에 불황이 닥치고 나서 가동률이 절반으로 떨어진 적도 있다. 나아가 SK하이닉스는 이미 키파운드리의 대만 법인을 청산하는 절차에 들어갔다.

그럼 먼저 SK하이닉스 시스템 IC의 현황을 살펴보도록 한다. SK하이닉스 시스템 IC는 원래 청주에 있었지만 최근 중국 우시로 거점을 옮겼다. 파운드리 서비스를 제공하는 주요 제품은 DDI, PMIC(Power Management Integrated

Circuit), 이미지센서 등이다. 주요 비즈니스 현황을 살펴보면 LX세미콘(구 Silicon Works)과 실리콘마이터스(Silicon Mitus)의 PMIC를 제조하고 있으며 모기업인 SK하이닉스의 이미지센서도 생산하고 있다.

〈그림 5〉 SK하이닉스 시스템 IC의 제품 라인업

● 양산 중   ● 개발 중

	0.35um	0.18um	0.13um	0.11um	90nm	57nm	Applications
HV CMOS	●	●		●			• Large Display Driver • OLED Driver IC
BCDMOS		●		●			• Panel PMIC, Interface PMIC • Total Charging Solution • AC-DC, DC-DC
CIS			●		●		• BSI & FSI • Mobile, Security, Medical
Logic eFlash				●			• Touch IC • Microcontroller • IoT, USB Type-C
MEMS		●					• Microphone, Pressure
Memory					●	●	• SRAM(90nm)(EOL) • NAND(57nm)(EOL)

자료: 회사 홈페이지

　SK하이닉스 시스템 IC가 중국으로 이전한 이유는 중국 팹리스 고객을 대상으로 영업하겠다는 목적이 있기 때문이다. SK하이닉스 시스템 IC는 몇 년 전만 해도 차량용 반도체 등의 수요가 폭발해서 수익이 크게 늘어나기도 하였지만 2023년 말 극심한 파운드리 불황에 따라 3개월간 무급휴직에 들어가는 등 구조조정을 진행하기도 하였다.

　한편 SK키파운드리는 매그나칩반도체(전 하이닉스반도체 비메모리 사업부)에서 파운드리 사업 부문이 독립된 회사인데, 다시 2022년 SK하이닉스에 인수되었다. SK하이닉스 시스템 IC와 마찬가지로 8인치 아날로그 반도체 파운드리 서비스에 특화되어 있으며 다이오드(Diode), 트랜지스터(Transistor) 그리고 유사 제품을 고객의 니즈에 맞추어 제공하고 있다.

이에 따라 SK하이닉스는 투 트랙(Two Tracks) 체제로 파운드리 사업을 진행하고 있다. SK하이닉스는 지나치게 편중된 DRAM 사업의 비중을 낮추고 낸드플래시(NAND Flash)와 파운드리 사업을 본격적으로 육성할 것으로 보고 있다. 그리고 SK하이닉스의 파운드리 사업은 삼성전자의 파운드리 사업과 타깃 시장이 다르기 때문에 삼성 파운드리와 경쟁 관계가 되지는 않을 것으로 보인다(DB하이텍과는 경쟁관계다.).

한편 국내 파운드리 기업들이 첨단공정과 성숙공정을 모두 진행하는데도 불구하고 많은 팹리스 기업은 여전히 TSMC와 UMC 같은 해외 파운드리 기업에 위탁하여 생산하는 경우가 많다. 이는 한국의 시스템반도체 생태계가 아직 충분히 성숙되지 않았기 때문이다.

결론적으로 SK하이닉스 파운드리 사업의 고객은 대형 팹리스 고객이 아닌 중소 팹리스 고객들이다. 따라서 SK하이닉스는 TSMC와 마찬가지로 국내 시스템반도체 생태계를 키워서 파운드리 수요를 창출해낼 필요가 있다. SK하이닉스의 파운드리 사업도 반도체 불황이 끝나게 되면 본격적으로 좋아질 것으로 예상됨에 따라 조만간 성장의 궤도에 오를 것으로 전망된다.

화홍반도체
(HuaHong Semiconductor)

　화홍반도체는 중국에서 SMIC 다음으로 두 번째로 큰 파운드리 기업이며 최근 빠른 성장세를 보이고 있다. 현재 전 세계 시장점유율을 3%까지 늘리면서 6위를 기록하고 있다. 화홍반도체는 원래 중국 정부에서 자국의 반도체 산업을 육성할 목적으로 1996년 설립하였다. 그리고 화홍반도체는 중국에서 SMIC보다 이른 시기에 처음으로 8인치 팹을 만든 기업이기도 하다.

　화홍반도체의 주요 공정은 40nm 이상의 성숙공정으로, 생산하는 제품은 이미지센서, PMIC, IGBT(Insulated Gate Bipolar Transistors)와 MCU 등이다. 현재 상하이 장장(张江)에 8인치 팹 3개, 우시에 12인치 팹 1개를 보유하고 있다. 화홍반도체의 생산 캐파는 지속적으로 늘어나면서 현재 기준으로 월 30만 장이 넘는다. 추가적으로 화홍반도체는 우시에 67억 달러를 투자해 2023년부터 12인치 팹을 건설하기 시작하였으며 2024년 말 완공 예정이다. 양산은 2025년부터 본격적으로 진행될 것으로 보고 있다.

　화홍반도체도 SMIC와 마찬가지로 중국 정부의 집중 지원 대상 기업에 포함되어 있어 미국의 직접적인 제재를 받고 있다. 중국 정부는 반도체 굴기를 실현하려면 파운드리 기업의 육성이 무엇보다 중요하다고 생각하기 때문에, 화홍반도체도 SMIC와 더불어 많은 지원을 받고 있다. 그리고 화홍반도체는 2014년 홍콩 주식시장에 상장된 상태임에도 불구하고 더 많은 자금을 확보하기 위해 2023년 중국 상하이 커촹반(科創板·과학혁신판) 주식시장에서 가장 큰 규모로 상장을 해서 3조 원 이상의 자금을 추가로 조달하였다. 화홍반도체는 상장을 통해 모은 자금 중 상당 금액을 우시에 12인치 팹을 건설하는 데 사용할 것으로 보고 있다. 이에 따라 앞으로 화홍반도체는 새로운 12인치 팹을 운영하게 됨으로써, 중국 시장에서 수요가 많은 40nm 공정의 반도체를 공급할 수 있게 되었다. 그리고 화홍반도체는 28nm 공정도 빠른 시간 내 진입이 가능할 것으로 보고 있다. 화홍반도체는 중국 내 수요만으로도 생존이 가능하기 때문에, SMIC와 마찬가지로 주로 중국 내 팹리스 기업들을 대상으로 영업 활동을 진행하고 있다.

최근 미국의 제재가 강화됨에 따라 중국으로 EUV 장비의 이전 버전인 DUV 장비도 수출이 금지되고 있다. 그나마 중국은 SMEE, 베이팡 화창(Naura)과 중웨이 반도체(AMEC) 같은 국내 포토, 증착과 식각 등의 장비 기업들이 꾸준하게 성장하고 있어서, 앞으로도 화홍반도체는 이들 기업으로부터 많은 장비를 구입할 예정이다. 따라서 화홍반도체가 진행하려는 20nm 이상의 성숙공정은 그리 타격을 받지 않을 전망이다.

나아가 화홍반도체는 미국의 제재에도 불구하고 7nm 이하 공정으로 진입하려는 계획을 가지고 있다. 화홍반도체가 생산하는 반도체는 주로 소비자 가전, 통신, 컴퓨터, 산업과 자동차 등에 사용된다. 만약 앞으로 화홍반도체가 7nm 이하 첨단공정으로 진입한다면 최근 주목받는 AI나 HPC 등으로 시장 확대가 가능할 것으로 보인다.

한편 화홍반도체는 오랜 제조 경험과 노하우를 가지고 있으며 국내외 고객에 아래와 같이 다양한 전문적이고 고품질의 토털 원스톱(Total One Stop) 파운드리 서비스를 제공하고 있다.

〈그림 6〉 화홍반도체의 파운드리 서비스 플로우(Service Flow)

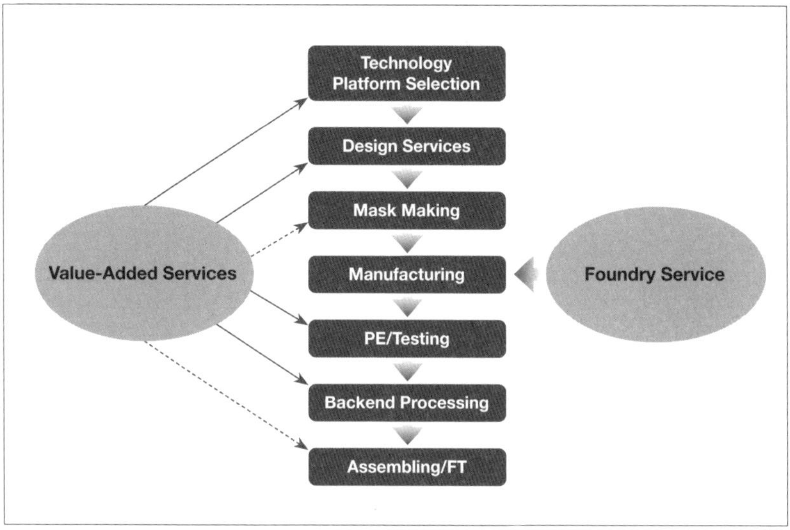

```
Value-Added Services → Technology Platform Selection
                     → Design Services
                     → Mask Making
                     → Manufacturing ← Foundry Service
                     → PE/Testing
                     → Backend Processing
                     → Assembling/FT
```

자료: 회사 홈페이지

 지금 화홍반도체는 무서운 속도로 상위공정으로 이동하면서 다양한 고객으로부터 수주를 늘리고 있다. 특히 중국 정부는 중국 팹리스 기업들이 성장하려면 SMIC와 화홍반도체의 역할이 무엇보다 중요하다는 것을 잘 인식하고 있다. 따라서 중국 정부에서는 화홍반도체에 지속적으로 지원할 수밖에 없는 입장이기 때문에, 화홍반도체는 앞으로도 빠르게 성장할 것으로 보인다. 물론 미국의 제재도 더욱 강화될 것으로 예상되기 때문에 미국의 제재를 어떻게 피하느냐가 중요한 관건이 될 것이다.

DB하이텍

　DB그룹의 주요 계열사인 DB하이텍의 설립 연도는 1997년으로, DB하이텍은 한국 최초로 2001년 파운드리 사업을 시작한 곳이다. 삼성 파운드리가 2005년 처음으로 시작하였기 때문에 삼성 파운드리보다 빠르다.

　특히 DB하이텍은 완전 성숙공정인 8인치 웨이퍼의 아날로그 반도체에 특화된 파운드리 기업이다. 현재 시장점유율은 과거보다 높아진 1% 내외를 기록하고 있다. DB하이텍의 팹은 경기 부천과 충북 음성에 위치하고 있으며, 근무하는 인원은 대략 2,100명 정도다.

　그동안 DB하이텍은 사업을 시작한 후 많은 어려움을 겪으면서 성장한 기업이다. 불과 8년 전만 해도 회사를 매각하는 게 유력하였다. 하지만 지금은 사업이 지속적으로 성장하여 어느 정도 안정화 단계에 들어섰기 때문에 앞으로는 독자적으로 생존을 모색할 것으로 보인다. 최근 이익도 크게 늘어나 DB그룹 내 가장 중요한 기업이 되었다. 현재 DB하이텍의 매출은 이미 1조 원이 넘는 것으로 발표되고 있다. DB하이텍의 주요 제품은 전력반도체, 이미지센서와 MS(Mixed Signal) 등으로 전력반도체가 50% 이상 차지하면서 점유율이 가장 높다. 그리고 미세공정은 90nm부터 0.35um까지 종합적인 서비스를 제공하고 있으며 생산되는 반도체는 TV, 컴퓨터, 모바일, 자동차 등에 사용된다.

한편 DB하이텍은 불과 몇 년 전만 해도 생산라인이 100% 가동 중이었지만 최근 8인치 파운드리 기업에 심각한 불황이 찾아와 가동률이 크게 떨어지기도 하였다. 하지만 DB하이텍은 불황의 상황에도 불구하고 미래의 성장을 기대하면서 생산 캐파를 지속적으로 늘려 지금은 매월 15만 장 이상 생산에 이르고 있다. 사실 DB하이텍은 신규 팹을 건설할 만큼의 자금을 보유하고 있지 못하기 때문에 생산 캐파를 급격하게 올리는 건 어려운 상황이다. 하지만 공정을 효율화시키는 것과 같은 다양한 방법으로 생산 캐파를 늘려오고 있다.

〈그림 7〉 DB하이텍 생산능력 추이(단위: 만 장)

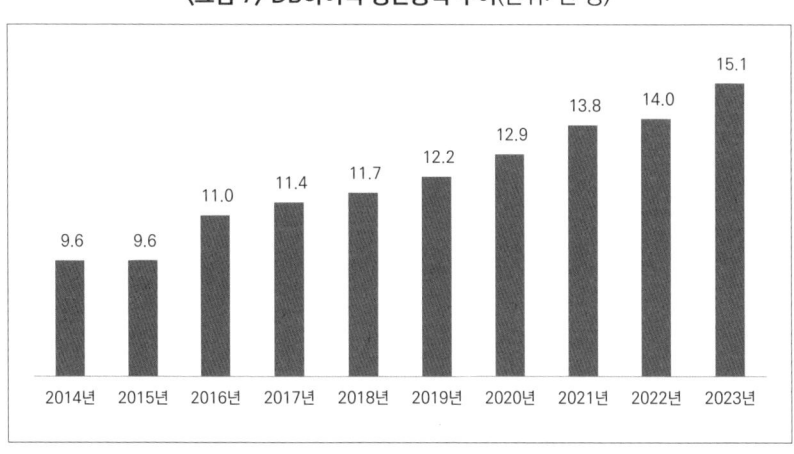

자료: 회사 공개자료

오래전부터 DB하이텍은 브랜드(Brand) 사업인 팹리스 사업도 소유하고 있었지만 최근 분리하여 별도 자회사로 분할했다. 브랜드 사업을 보유하면 고객을 확보하는 데 어려움이 생길 수 있기 때문이다. 이렇게 브랜드 사업이 분할되면서 DB하이텍은 진정한 순수 파운드리 기업으로 남게 되었다.

최근 DB하이텍은 신규 사업으로 시장이 급성장하는 차량용 반도체 시장에 뛰어들었다. 특히 DB하이텍은 차세대 전력반도체로 각광받는 GaN(Gallium

Nitride)과 SiC(Silicon Carbide) 반도체의 생산을 계획하고 있다. 이에 따라 8인치 웨이퍼의 화합물 반도체 생산에 필요한 핵심 장비를 도입하는 작업을 진행 중이다. 차량용 화합물 반도체는 아직 초기 단계지만 성장성이 크기 때문에 많은 기업이 시장에 뛰어들고 있다. 그리고 DB하이텍은 부족한 기술을 보충하기 위해, GaN은 에이프로세미콘(A-Pro Semicon)과 협력을 맺고 있으며 SiC는 부산테크노파크와 협업하고 있다.

앞으로 DB하이텍은 8인치 웨이퍼에서 12인치 웨이퍼로 전환하는 것도 계획 중인 것으로 보인다. 12인치 웨이퍼가 8인치 웨이퍼보다 2배 이상 생산량이 높을 뿐 아니라, 8인치 웨이퍼 장비를 구하기도 어려운 상황이기 때문이다. 이를 통해 DB하이텍은 생산 캐파를 크게 늘릴 수 있을 것으로 보인다. DB하이텍은 화합물 전력반도체로 급성장하는 차량용 반도체 시장을 대비하고 있기 때문에 앞으로의 성장성도 클 것으로 전망된다.

타워반도체
(Tower Semiconductor)

타워반도체는 이스라엘 기업으로 텔아비브(Tel Aviv) 주식시장과 미국 나스닥에 상장되었으며, 시장점유율은 1.3%로 전 세계 파운드리 순위 7위를 기록하고 있다. 원래 타워반도체는 전력반도체 기업인 미국 내셔널 세미컨덕터(National Semiconductor)의 이스라엘 6인치 팹을 인수하면서 1993년 설립되었다. 현재 타워반도체는 아날로그 반도체에 집중하고 있으며 CEO는 2005년부터 러셀 엘완거(Russell C. Ellwanger)가 맡고 있다.

현재 타워반도체는 이스라엘에 6인치, 8인치 팹 각각 1개씩과 미국에 8인치 팹 2개, 그리고 이탈리아에 12인치 팹 1개를 운영 중이며 한국에도 경기도 판교에 사무소가 있다. 미국 팹 중 1개는 2016년 전력반도체로 유명한 맥심 인테그레이티드(Maxim Integrated)의 팹을 4,000만 달러에 인수한 것이다.

타워반도체가 51%의 지분을 갖고 일본 파나소닉(Panasonic)과 합작해 만든 TPSCo는 일본에 8인치와 12인치 팹을 각각 1개씩 가지고 있다. 현재 직원은 TPSCo를 포함하여 전 세계에 대략 6,000명 가까이 된다.

타워반도체는 주로 차량용 반도체, 무선주파수 반도체, 전력관리 반도체, 이미지센서 등을 생산하고 있다. 특히 타워반도체는 차량용 반도체 분야에 강점을 가지는 기업이다. 타워반도체가 제공하는 서비스는 다음 〈그림 8〉과 같이 0.25um 공정부터 45nm 공정까지의 칩 서비스며 적용되는 애플리케이션 분야는 산업, 의료, 자동차, 소비자 가전, 우주항공, 모바일과 방위산업 등으로 매우 다양한 편이다.

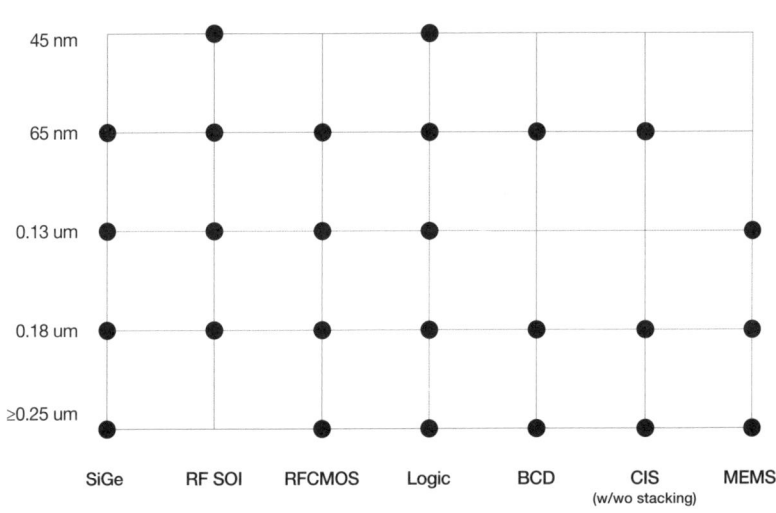

〈그림 8〉 타워반도체의 미세공정 현황

자료: 회사 홈페이지

한편 약 2년 전 인텔이 54억 달러를 지불하고 타워반도체를 인수하기로 계약하면서, 타워반도체가 인텔로 무난히 인수될 것으로 예상되었다. 하지만 최근 중국에서 자국 파운드리 기업인 SMIC와 화홍반도체가 이번 인수로 인해 위협받게 됨에 따라 인수 승인을 거부했다. 결과적으로 최근 인텔은 합병이 무산되면서 5,000억 원 가까운 위약금을 타워반도체에 지불하기로 한 것으로 알려졌다. 인텔은 지난번 글로벌파운드리스의 인수 실패에 이어 이번에도 인수에 실패한 것이다.

하지만 얼마 전 IFS는 타워반도체와 같이 전략적인 협력을 하기로 하였다. 양 사는 타워반도체가 IFS의 미국 뉴멕시코(New Mexico) 팹에 약 3억 달러(약

4,000억 원)를 투자하는 방식으로 협력을 한다고 밝혔다. IFS는 타워반도체에 전 세계 고객을 지원할 수 있도록 파운드리 서비스 제공과 첨단 12인치 칩의 제조를 할 수 있게 하였다. 이에 따라 타워반도체가 IFS의 제조시설을 사용할 수 있게 된 것이다. 그리고 뉴멕시코 팹에 들어가는 각종 장비와 시설은 타워반도체가 소유하게 된다. 인텔은 어떻게든 파운드리 분야를 빠르게 키워야 하는 입장이기에 타워반도체가 필요한 상태다. 마찬가지로 타워반도체도 인텔의 파운드리 역량을 이용할 수 있기 때문에 인텔과의 협력이 필요하다.

한편 타워반도체의 고객은 온세미(On Semiconductor), 인텔, 브로드컴, 파나소닉, 텔레다인(Teledyne), 삼성전자, 스카이웍스 솔루션즈(Skyworks Solutions), 셈텍(Semtech) 등으로 300개사가 넘는다. 타워반도체도 매년 성장하는 파운드리 시장의 수혜를 받을 것으로 보이고 앞으로 차량용 반도체 시장의 확대에 따라 큰 성장이 기대된다.

VIS
(Vanguard International Semiconductor Corporation)

VIS는 TSMC의 모리스 창이 1994년 설립한 기업으로 1998년 대만 주식시장에 상장되었다. 지금도 TSMC는 VIS의 지분을 28% 이상 보유하고 있으며 대주주로서 VIS에 큰 영향력을 행사하고 있다. 지금 CEO를 담당하는 인물은 루 팽(Leuh Fang)이며 그는 이전에 TSMC에서 팹을 관리하는 임원이었다. VIS의 본사는 TSMC와 마찬가지로 대만 주요 공업단지인 신주(新竹)에 위치해 있으며 현재 인원은 약 7,000명이다.

원래 VIS는 TSMC의 하청기업으로 주로 DRAM 및 기타 메모리 IC의 생산과 개발에 주력하였으나 2004년 DRAM 제조 사업을 모두 끝내고 순수 파운드리 기업이 되었다. VIS는 2008년 윈본드(Winbond Electronics Corp.)로부터 8인치 팹 2개를 인수하면서 생산 캐파를 크게 확장한 적이 있다. 나아가 VIS는 2019년 생산 캐파를 늘리기 위해 싱가포르에 위치한 글로벌파운드리스의 팹을 2억 3,600만 달러에 사들였다. 이 팹은 아날로그/혼합 신호 칩뿐만 아니라 MEMS(Micro-Electro Mechanical System)를 생산하고 있으며 매월 약 4만 장에 가까운 생산 캐파를 보유하고 있다.

그동안 VIS는 8인치 파운드리로 차량용 반도체를 주로 공급하였다. 대만 파운드리 기업들인 TSMC, UMC, PSMC가 12인치 팹을 운영하는 것과 다르게, VIS는 현재까지 8인치 팹만 운영하고 있다. 그리고 VIS는 팹을 대만에 4

개 그리고 싱가포르에 1개 보유하고 있다. 2022년 기준으로 연간 생산 캐파는 300만 장이 넘는다. 공급하는 주요 제품은 MCU, 이미지센서, DDI, 디스크리트(Discrete)와 PMIC 등이다. 이외에도 몇 년 전부터 GaN 전력반도체도 제조한다. VIS는 최근 늘어나는 차량용 반도체 수요에 적극적으로 대응하기 위해 12인치 팹을 싱가포르에 건설할 계획이다. 특히 중국에서 제조하는 칩에 대한 지정학적 리스크를 피하려는 미국, 유럽, 아시아 고객들의 수요가 늘어나고 있다.

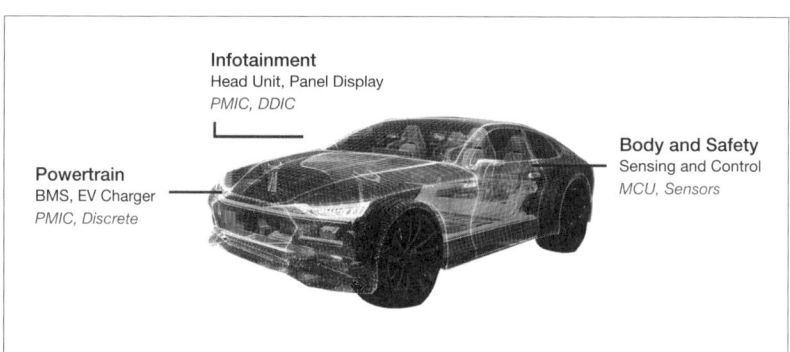

〈그림 9〉 VIS의 차량용 반도체 적용 부분

자료: 회사 홈페이지

〈그림 10〉에서 VIS의 제품별 매출비율을 보면 전력반도체가 2/3 정도를 차지하고 있다. 앞으로 GaN반도체의 매출이 증가하기 시작하면 전력반도체의 비중이 더욱 높아질 것으로 보고 있다. 따라서 VIS는 전력반도체 전문 파운드리 기업으로도 볼 수 있다.

VIS도 8인치 파운드리 기업이기 때문에 2023년 불황의 직격탄을 맞게 되었다. 따라서 반도체 수요의 부진과 극심한 시장경쟁을 극복하기 위해 서비스 가격을 30%까지 내린 적이 있다. 하지만 앞으로 본격적인 모빌리티 시대에 진입하면 차량용 반도체의 수요가 크게 증가할 것이기 때문에 앞으로 큰 성장이 기대되는 기업이다.

〈그림 10〉 VIS의 제품별 매출비율

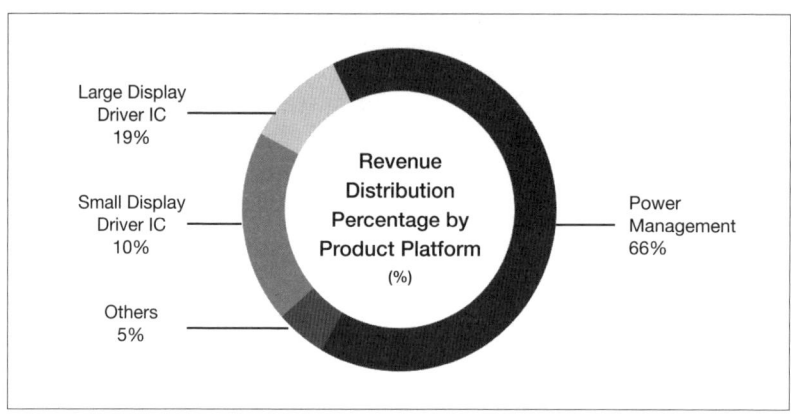

자료: 회사 공개자료

PSMC
(Powerchip Semiconductor Manufacturing Corporation)

PSMC는 2008년 맥스칩(Maxchip) 전자라는 이름으로 설립된 대만의 파운드리 기업이다. 2018년 지금의 PSMC라는 사명으로 변경하였으며 2021년 대만 주식시장에 상장되었다. 팹은 모두 대만에 12인치 3개와 8인치 2개를 보유하고 있으며, 생산 캐파는 8인치와 12인치 각각 매달 11만 장씩이다. PSMC의 회장은 프랭크 황(Frank Huang)이고 대표는 브라이언 시에(Brian Shieh)가 맡고 있다. 최근 PSMC는 시장점유율이 크게 하락하면서 VIS보다도 순위가 낮아졌다. 2023년 3분기 기준으로 VIS는 글로벌 파운드리 순위 8위를 기록하고 있으며 PSMC는 10위다. 특히 PSMC는 PMIC와 Power Discrete의 실적이 많이 떨어지면서 순위가 10위로 크게 하락하였다.

PSMC는 파운드리 외에도 디자인, 제조, 메모리 웨이퍼 테스팅, 반도체 부품 점검 및 판매 등 다양한 서비스를 제공하고 있다. 현재 인원은 8,000명 이상으로 파운드리 서비스를 제공하는 제품은 크게 로직반도체와 메모리반도체다. 로직반도체 부문은 Power Discrete, DDI, PMIC, 이미지센서 등이 있으며 메모리반도체 부문은 DRAM과 Flash 등이 있다. PSMC도 VIS와 마찬가지로 전력반도체에 집중하고 있기 때문에 자동차 분야가 주요 애플리케이션이다. 이외에도 PSMC는 4차 산업과 관련된 AI, AIoT, 빅데이터(Big Data), 5G 통신 분야에 R&D를 집중하고 있다.

PSMC는 메모리반도체와 로직반도체 서비스를 모두 제공하는 유일한 순수 파운드리 기업이다. 미세공정은 22nm가 가장 앞선 공정이며 AI 엣지 컴퓨팅(Edge Computing)에 적용할 수 있는 3D 적층 기술(Wafer on Wafer)도 보유하고 있다.

〈그림 11〉 PSMC의 파운드리 서비스 제품

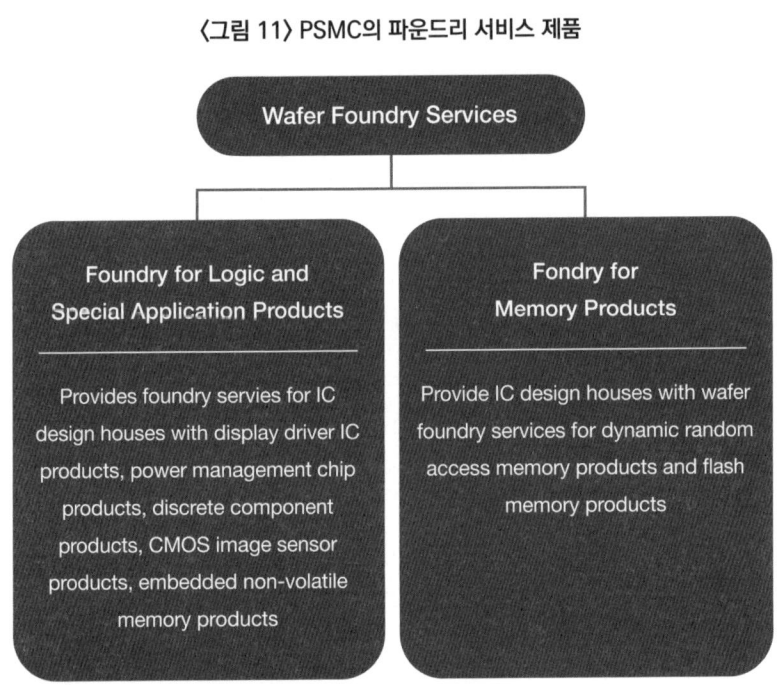

자료: 회사 공개자료

PSMC도 VIS와 같이 2024년 초에 파운드리 가격을 내렸다. 반도체 불황에 따라 수요는 많지 않은 상황에서 중국 파운드리 기업들과 경쟁이 심화되었기 때문이다. 특히 중국에서는 2024년까지 31개의 팹을 완공할 것으로 보여 성숙공정에서 공급 과잉이 나타날 것으로 예상된다.

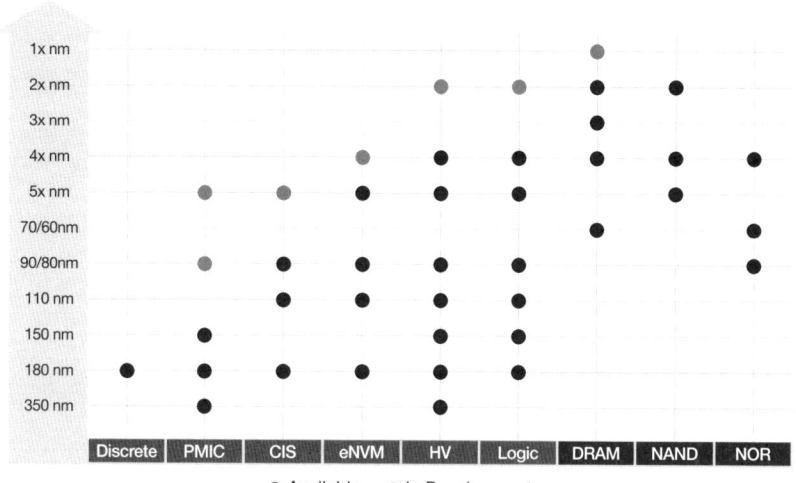

〈그림 12〉 PSMC의 공정 로드맵

자료: 회사 공개자료

한편 PSMC는 일본 금융지주사인 SBI홀딩스(Strategic Business Innovator Holdings)와 같이 일본 미야기현(宮城県)에 팹을 조만간 착공해 2027년부터 가동할 것으로 예상된다. 이 팹에서는 자동차, 통신과 산업기기에 들어가는 주로 28nm 반도체가 제조될 예정이다. 총투자액은 약 8,000억 엔으로 2단계에 걸쳐 진행되며 일본 정부에서 일부 금액을 지원받는다.

뿐만 아니라 PSMC는 인도에도 투자를 결정하고 팹을 건설하고 있다. 인도는 자국에 투자하는 반도체 기업에 투자비용의 50%까지 재정을 지원한다.

PSMC도 VIS와 마찬가지로 전력반도체의 비중이 높기 때문에 전기차의 판매량이 증가하면 증가할수록 실적이 좋아질 것으로 예상된다.

5
Chapter

화합물 반도체 파운드리의 현황

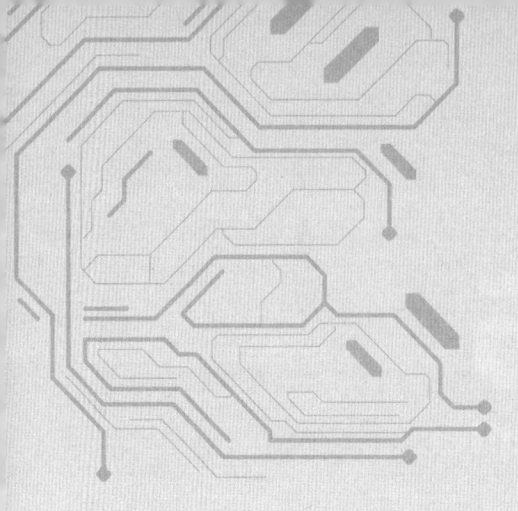

- ▶ 화합물 반도체의 종류
- ▶ 화합물 반도체 파운드리가 주목받는 이유
- ▶ 화합물 반도체 파운드리의 시장 현황

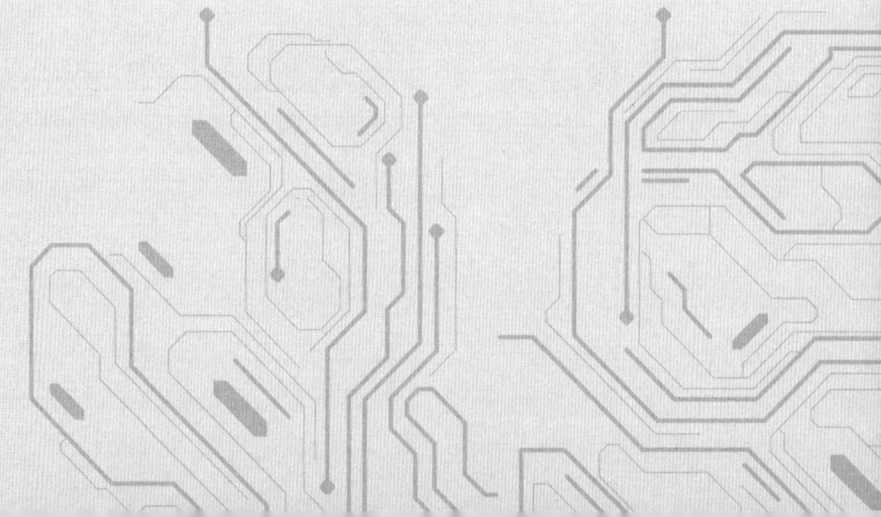

최근 화합물 반도체가 각광받고 있다. 기존 실리콘(Si) 반도체는 가격이 저렴하면서도 특성이 우수하기는 하지만 자동차와 같은 비교적 열악한 환경조건에서 사용하기에 부족한 점이 있다. 따라서 실리콘 반도체 대신 고려되고 있는 게 바로 화합물 반도체다. 화합물 반도체는 단일 원소가 아닌 2개 이상의 원소가 결합이 되어 특성이 우수하지만 아직 가격이 매우 비싸다는 단점이 있다. 그럼에도 불구하고 실리콘 반도체보다 여러 방면에서 특성이 우수하기 때문에 수요가 점진적으로 늘어나는 상황이다. 특히 화합물 반도체의 가장 큰 특징은 실리콘 반도체보다 밴드 갭(Band Gap)이 넓다는 점이다. 밴드 갭이 넓다는 건 반도체의 특성이 잘 변하지 않음을 뜻하기 때문에 자동차 같은 악조건 환경에서 유리하다. 특히 앞으로 매년 전기차의 침투율 확대에 따라 차량용 반도체 시장이 급성장하기 때문에 특성이 좋은 화합물 반도체의 인기는 지속적으로 높아질 전망이다. 그리고 팹리스 기업이 설계한 화합물 반도체를 제조해줄 수 있는 파운드리 기업이 필요한 상황이다. 이에 따라 파운드리 기업들도 팹리스 기업들의 화합물 반도체 수요에 대응하기 위해 GaN과 SiC 파운드리 사업에 뛰어들고 있다. 이 2가지가 가장 일반적으로 쓰이는 화합물 반도체이기 때문이다.

TSMC 같은 경우 이미 몇 년 전부터 GaN반도체 사업에 뛰어들었다. 마찬가지로 삼성 파운드리도 GaN반도체를 2025년부터 생산하기로 결정하였다. 나아가 DB하이텍과 SK키파운드리도 GaN반도체 사업을 준비 중이다. 뿐만 아니라 DB하이텍은 SiC반도체를 제조하는 것도 준비하고 있다.

GaN반도체와 SiC반도체의 가장 큰 차이는 전자가 고주파에 강하다면, 후자는 고전압에 강하다는 특징이 있다. 그리고 GaN은 통신, 에너지, 소비자, 산업용, 국방, 항공과 자동차 등 애플리케이션이 다양하다는 특징이 있지만 SiC반도체는 80% 정도가 차량용이고 20% 정도가 재생에너지 분야다. 기술적으로는 SiC반도체가 GaN반도체보다 먼저 시작했기 때문에 SiC반도체가 GaN반도체보다 5년 정도 앞서 있다. GaN반도체는 이제 시장이 형성되어 가는 과정이기 때문에 아직 기술적 측면도 완벽하지 않은 상황이다. 아울러 모든 화합물 반도체는 아직 초기 단계이기 때문에 앞으로 시장이 커지게 되면 기존 파운드리 기업들도 시장에 들어올 가능성이 크다. 뿐만 아니라 화합물 반도체는 모든 기업이 처음부터 다시 시작해야 하는 입장이고 기존 실리콘 반도체 기업들이 가지는 이점이 그리 크지 않기 때문에, 기술력이 있는 기업이라면 지금이라도 시장진입이 가능하다.

한편 화합물 반도체는 보통 6인치와 8인치 웨이퍼로 제조가 된다. 아직까지 6인치와 8인치 웨이퍼도 기술적으로 보완할 부분이 많기 때문이다. 특히 화합물 반도체는 실리콘 반도체보다 수율이 상대적으로 좋지 않게 나오고 있기 때문에 어느 기업이든 6인치나 8인치 웨이퍼로 수율을 안정화하는 게 중요하다. 결과적으로 화합물 반도체 기업들은 수율을 얼마나 안정적으로 올릴 수 있느냐가 가장 큰 관건이다.

나아가 지금 화합물 반도체가 주목받는 이유는 바로 다음과 같은 3가지 이유 때문이다.

첫째, 밴드 갭이 실리콘 반도체보다 약 3배 정도 넓어 고온, 고전압, 고주파와 같은 상황에서도 특성이 잘 변하지 않기 때문에 악조건의 환경에서도 사용이 가능하다.

둘째, 에너지 효율이 좋기 때문에 지금과 같은 ESG(Environmental, Social and Governance) 시대에 사용하기에 적합하다.

셋째, 인버터와 컨버터 등과 같은 모듈의 크기와 부피를 크게 줄일 수 있다. 예를 들어 실리콘 반도체를 사용하는 대신 화합물 반도체를 사용하면 자동차 내부에서 부품이 차지하는 공간과 무게를 크게 줄일 수 있다.

뿐만 아니라 화합물 반도체의 생산량이 크게 증가하면 지금 실리콘 반도체에 비해 2~3배인 가격을 상당히 떨어뜨릴 수 있을 것으로 기대된다. 화합물 반도체를 사용하는 데 있어 가격이 가장 걸림돌이 되고 있기 때문에 가격만 적절하다면 시장은 급격하게 성장할 것으로 보고 있다.

화합물 반도체의 종류

지구상에는 다양한 원소가 존재하고 있다. 과거 처음으로 반도체 물질로 사용된 원소는 게르마늄(Ge)이었다. 하지만 게르마늄은 가격이 비싸 널리 사용되는 데 한계가 있었기 때문에 사용되기 시작한 지 얼마 되지 않아 특성이 우수하면서 가격이 너욱 저렴한 실리콘 반도체로 대체되기 시작하였다. 실리콘은 지금까지도 95% 이상의 반도체에 사용되고 있으며 앞으로도 상당 기간 사용될 것으로 보고 있다. 하지만 실리콘도 반도체로 사용되기에 완벽한 물질은 아니다. 바로 고온, 고전압과 고주파 등의 환경에서 사용되기에는 여러모로 한계가 있는 물질이기 때문이다. 하지만 단일 원소로서 실리콘 반도체만큼 저렴하고 특성이 좋은 물질은 아직까지 발견되지 않았다. 이에 따라 단일 원소가 아닌 2가지 이상의 원소를 결합한 화합물 반도체가 그 대안으로 떠오르고 있다.

화합물 반도체는 종류가 매우 다양하다. 지구상에 존재하는 원소가 많기 때문에 어떤 원소를 섞느냐에 따라 종류와 특성도 천차만별로 다르게 나타날 수 있다. 그리고 2가지 원소가 아닌 3가지 이상의 원소를 섞을 수도 있기 때문에 앞으로도 다양한 화합물 반도체가 생겨날 수 있을 것으로 보인다. 화합물 반도체에 대해 예를 들어보면, 2가지 원소를 결합한 SiC(규소와 탄소), GaN(갈륨과 질소), Ga_2O_3(갈륨과 산소), InP(인듐과 인), GaAs(갈륨과 비소) 등이 있으며, 심지어 4가지 원소를 섞은 화합물 반도체인 InGaZnO(인듐, 갈륨, 아연,

산소)도 있다. 어떤 원소를 같이 결합시키는가에 따라 특성이 크게 달라지기 때문에 앞으로 각 용도에 맞는 다양한 화합물 반도체가 나올 것으로 보고 있다. 물론 화합물 반도체 시장이 아직 초기 단계이기 때문에 처음에는 가격이 비쌀 수밖에 없다. 따라서 가격도 화합물 반도체를 만드는 데 고려해야 하는 중요한 요소다. 하지만 가격이 지나치게 비싸지 않은 원소들을 결합한다면 기술이 발전하고 대량생산이 된 후 가격은 어느 정도 맞출 수 있는 부분도 분명히 있다.

지금 시장에서 가장 주목받는 화합물 반도체는 바로 SiC반도체와 GaN반도체다. 먼저 SiC는 규소와 탄소를 섞은 반도체다. 그리고 GaN은 갈륨과 질소를 혼합한 반도체다. SiC반도체는 지금 대부분의 완성차 기업과 테크 기업이 생산하는 전기차에 사용되고 있으며 실리콘 반도체보다 여러모로 사용하기에 유리한 점이 많다. 단지 아직 가격이 비싸서 모든 차량에 사용하기에는 부담된다. 하지만 지금의 상황은 차량용 전력반도체에서 실리콘 반도체를 SiC반도체로 대체하는 추세이기 때문에 가격이 저렴해진다면 SiC반도체 시장이 급성장할 것이다. 마찬가지로 지금 GaN반도체도 조금씩 시장이 열리고 있는 상황이다. 아직까지 기술적으로 완벽하지 않기 때문에 풀어야 할 과제도 많지만 앞으로 전기차를 포함한 다양한 애플리케이션에 적용이 가능할 것으로 보고 있다. 특히 모바일 분야의 급속 충전은 이미 적용이 되어 많은 제품이 출시되고 있다.

그럼에도 불구하고 화합물 반도체는 실리콘 반도체와 공정 자체가 매우 다른 형태를 가지고 있기 때문에 적절한 수율을 얻기가 어려운 게 지금의 상황이다. 이에 따라 6인치 웨이퍼 공정이 아직까지 사용되고 있으나, 조만간 8인치 웨이퍼 공정으로 대부분 교체될 것으로 보인다. 지금 파운드리 기업들은 앞서 언급한 SiC와 GaN 위주의 화합물 반도체 제조 서비스를 제공하고 있다.

화합물 반도체 파운드리가 주목받는 이유

 최근 많은 파운드리 기업이 화합물 반도체 사업에 뛰어들고 있다. 이미 TSMC는 2020년부터 6인치 웨이퍼의 GaN반도체 사업에 뛰어들었으며 삼성 파운드리도 2023년 공식발표에 따라 2025년 8인치 웨이퍼의 GaN반도체 사업에 뛰어들 예정이다. 마찬가지로 TSMC도 삼성 파운드리와 같이 2025년 8인치 GaN반도체의 파운드리 서비스를 제공할 것으로 보고 있다.
 이와 같이 대표적인 파운드리 기업들이 화합물 반도체 사업에 진입한 건 그만큼 시장이 커지고 있다는 방증일 것이다. 특히 화합물 반도체는 아직 고가이기 때문에 파운드리 기업의 수익 측면에서도 유리할 수밖에 없다. 그리고 몇 년 후 화합물 반도체 수요도 크게 늘어날 것으로 예상되기 때문에 많은 파운드리 기업이 이 시장에 뛰어들 준비하고 있다. 특히 화합물 반도체는 전력 반도체 분야에 우선적으로 적용이 된 후 다른 분야의 반도체로 확대될 것으로 전망된다.
 뿐만 아니라 화합물 전력반도체가 사용되는 애플리케이션도 확장되는 추세다. 기존 전자제품, 모바일 기기와 통신제품 분야뿐 아니라 전기차, 서버와 로봇(Robot) 등으로 사용 범위가 넓어지기 때문이다. 이에 따라 전력반도체 시장의 크기도 점차적으로 확대되고 있다. 시장조사 기관인 옴디아(Omdia)는 늘어나는 수요 덕분에 SiC와 GaN의 화합물 전력반도체 시장이 2020년 10억 달러(약 1조 3,000억 원) 시장에서 2027년 100억 달러(약 13조 원) 시장으로 확대될 것이라고 전망했다. 이에 따라 기존 IGBT와 PMIC 등과 같은 전력반도체 시장을 SiC와 GaN반도체가 서서히 대체할 것으로 보인다.

이미 언급한 바와 같이 화합물 전력반도체 중에서도 가장 주목을 받는 건 SiC반도체와 GaN반도체다. SiC반도체는 이미 대부분의 전기차에 쓰이고 있을 정도로 보급이 빠르게 진행되고 있다. 특히 내연기관 자동차가 전기차로 바뀌기 시작하면서 SiC반도체의 수요가 크게 늘어나고 있다. 따라서 전기차가 SiC반도체 수요의 80% 정도를 차지하고 있다. SiC반도체가 쓰이는 부분은 주로 전력모듈 장치인 인버터(Inverter), 컨버터(Converter)와 배터리 관리 시스템인 BMS(Battery Management System) 등이다. 앞으로 전기차에 전력모듈 장치가 많이 사용될 것으로 보이기 때문에 SiC반도체의 수요도 커질 수밖에 없다. 아울러 재생에너지 분야에도 SiC반도체가 사용될 수 있으며 SiC반도체의 대략 20% 정도가 사용될 것으로 보고 있다.

나아가 GaN반도체는 전기차뿐만 아니라 다양한 애플리케이션에 사용될 것으로 보인다. 우선 전기차에는 라이다(Light Detection And Ranging)용이나 전기차 내외부의 급속충전용으로 사용될 것으로 보인다. 이외에도 소비자용, 서버, 5G, RF 통신, 국방항공 등 다양한 분야에 쓰일 수 있다. 따라서 시장은 SiC반도체가 GaN반도체보다 5배 정도 크지만, 성장률은 GaN반도체가 SiC반도체보다 2배 이상 높을 것으로 보인다.

그럼 이 2가지 화합물 반도체가 주목받는 이유는 무엇일까? 앞서 말한 바와 같이 일단 화합물 반도체가 여러 가지 특성에서 실리콘 반도체보다 우수하다. 일단 밴드 갭이 실리콘보다 3배 정도 넓어 고온, 고전압, 고주파 등의 악조건 환경에서 잘 견딜 수 있는 특성 때문에 전기차 같은 곳에 사용하기 적합하다. 그리고 고성능이면서 스위칭 스피드가 빨라 에너지 효율이 우수할 뿐만 아니라 차량 부품의 부피와 무게를 줄일 수 있다. 특히 전력을 공급하고 배분하는 과정에서 생기는 전력손실을 감소시켜 제품을 오랜 시간 사용할 수 있게 해준다. 특히 지금과 같은 ESG 시대에 화합물 반도체가 다양한 애플리케이션에서 큰 역할을 할 것으로 보고 있다.

화합물 반도체 파운드리의 시장 현황

최근 많은 파운드리 기업이 화합물 반도체 시장에 진입을 시도하고 있다. TSMC는 이미 시장에 진입하였고 삼성 파운드리, DB하이텍, SK키파운드리 등은 새롭게 시장에 진입할 예정이다. 사실 실리콘 반도체 파운드리와 화합물 반도체 파운드리는 서로 공정이 매우 상이하기 때문에 기존 파운드리 기업도 대부분의 공정 라인을 다시 세팅해야 한다(단 SiC반도체는 기존 공정에서 일부 설비를 추가하면 생산이 가능하다.). 그리고 공정에 들어가는 장비 자체도 다르기 때문에 새로운 장비의 반입이 필요할 뿐만 아니라 공정 엔지니어도 다시 교육해야 하는 상황이다.

하지만 실리콘 파운드리와 화합물 반도체 파운드리는 반도체 제조라는 공통분모가 있기 때문에 기존 파운드리 기업이 비교적 수월하게 화합물 반도체 파운드리 사업에 진입할 수 있다. 기존에 전혀 반도체 제조를 진행하지 않은 기업이라 하더라도 기술력과 자본력만 있다면 화합물 반도체 파운드리 사업에 진입이 가능하다. 그럼에도 불구하고 파운드리 사업 자체가 많은 자본이 필요하여 리스크가 크기 때문에 진입장벽이 높은 편이다.

앞으로 많은 화합물 반도체 팹리스 기업이 생겨날 것이고, 파운드리 수요 또한 매우 커질 것으로 보고 있다. 특히 SiC반도체 시장의 규모가 GaN반도체 시장의 규모보다 큰데도 불구하고, GaN반도체 파운드리 기업들이 더 많이 생기고 있다. 대표적인 기업은 TSMC와 삼성 파운드리다. 아마도 SiC반도체는 전기차에 거의 치중된 반면, GaN반도체는 다양한 애플리케이션에 사용이 가능하기 때문으로 보인다. 그리고 SiC반도체는 기업들이 대부분 설계, 제조와 패키징을 모두 진행하기에 파운드리 수요가 부족하다고 보기 때문일 수 있다. 나아가 파운드리 기업들은 GaN반도체의 경우 이제 시장이 열리는 단계고 제조 난이도가 SiC반도체보다 높기 때문에 GaN 파운드리 수요가 충분할 것이라 예상하고 있다.

삼성전자는 2023년 하반기 미국 실리콘밸리에서 개최한 '삼성 파운드리 포럼 2023'에서 2025년 8인치 GaN 전력반도체 파운드리 서비스를 개시하기로 발표하였다. 이를 위해 자체적으로 GaN 에피 웨이퍼(Epi Wafer, 기판을 씨앗 삼아 단결정으로 이루어진 웨이퍼 위에 얇은 박막을 성장시킨 웨이퍼를 말하며, 이렇게 결정으로 성장시키는 기술 방법을 에피택시(Epitaxy)라고 한다.)를 생산할 것으로 보고 있다. 최근 에피 웨이퍼의 수급이 쉽지 않으며 에피 웨이퍼를 직접 생산하는 게 경쟁력이 되기 때문이다. GaN반도체의 주요 애플리케이션은 소비자 가전, 서버, 재생에너지, 통신, 전기차 등으로 삼성전자 DS 부문에 이미 '전력반도체 TF(Task Force)'를 신설하고 다양한 활동을 전개하고 있다.

TSMC는 2020년부터 6인치 웨이퍼로 GaN반도체 파운드리 서비스를 제공하고 있다. 그리고 TSMC는 이미 ST 마이크로와도 협력해 서비스를 제공한 적이 있다. TSMC는 고속충전, 데이터센터(Data Center), 태양광 변환기, 48V DC/DC, 전기차용 컨버터와 OBC(On Board Charger) 등의 5가지 분야에 집중하고 있으며 차후 점진적으로 다른 분야로 확대할 예정이다. 나아가 TSMC는 GaN on Silicon 웨이퍼 제조기술도 개발하고 있다.

DB하이텍은 GaN 파운드리 서비스뿐만 아니라 SiC 파운드리 서비스도 준비 중이다. 특히 8인치 웨이퍼 공정은 기존에 진행하던 공정이기 때문에 유리한 측면도 있을 것으로 보인다. DB하이텍의 경우 GaN은 에이프로세미콘 그리고 SiC는 부산테크노파크와 협력관계를 맺고 있다. 마찬가지로 최근 SK하이닉스가 인수한 SK키파운드리도 WBG(Wide Band Gap) 연구개발 조직을 별도로 설치하였다. 그리고 GaN 소자 및 공정 연구개발에 들어가서, 조만간 8인치 웨이퍼의 GaN 파운드리 서비스를 시작할 것으로 예상된다.

Chapter 6

파운드리 생태계

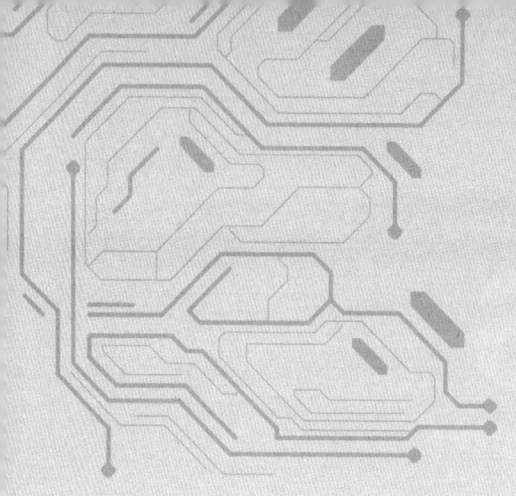

- ▶ 파운드리 생태계의 중요성
- ▶ 파운드리 생태계의 주요 기업들
- ▶ 팹리스 기업과 파운드리 기업의 공생
- ▶ 파운드리 생태계 구축의 효과

파운드리 산업은 생태계가 무엇보다 중요하다. 과거 삼성 파운드리와 인텔이 파운드리 사업을 키우지 못한 주요 이유 중 하나도 생태계를 조성하는 일에 소홀하였기 때문이다. 하지만 TSMC는 오래전부터 파운드리 생태계를 적극적으로 조성함으로써, 파운드리 사업에서 순항할 수 있었다. 아무리 경쟁력이 뛰어난 기업이라 하더라도 모든 일을 다 잘할 수 없다. 부족한 부분은 외부의 자원을 끌어와 채워야 하는 것이다. 특히 TSMC는 제조 분야에만 집중함으로써 경쟁력을 키울 수 있었다.

파운드리 생태계의 파트너는 IP, EDA, 클라우드, 디자인 하우스와 OSAT 기업까지도 포함할 수 있다. 파운드리 기업은 파트너 기업들과 서로 상생하는 생태계를 얼마나 잘 구축할 수 있느냐에 따라 성과가 결정된다고 해도 과언이 아니다. 아무리 뛰어난 파운드리 기업이라 하더라도 홀로 모든 것을 다 잘할 수 없다. 부족한 부분은 파트너 기업의 도움을 받아야 하는 것이다. 그리고 파운드리 기업은 파트너 기업들이 잘 성장할 수 있도록 적극적인 도움을 주어야 한다. 파트너 기업들이 성장하면 파운드리 기업의 경쟁력도 강화되는 것이다. TSMC가 성장할 수 있었던 방식도 마찬가지다. TSMC는 파운드리 사업을 시작하면서 파트너 기업들을 적극적으로 도와주었다. 처음에는 다소 어려움이 있었을지라도 지속적으로 도움을 주면서 파트너 기업들이 성장할 수 있었다. 그러면서 이제는 그들이 TSMC의 든든한 사업의 밑바탕이 되고 있다. 다른 파운드리 기업들이 TSMC를 따라잡지 못한 이유도 TSMC의 파트너 기업들 같은 경쟁력이 있는 기업들이 부족하기 때문이다. 결과론적으로 보면 TSMC는 파트너 기업들에 적극적으로 도움을 주었기에 파트너 기업들이 성장할 수 있었고, 파트너 기업들 또한 TSMC의 성장에 크게 기여할 수 있었다.

이와 같은 사실을 깨닫게 된 삼성 파운드리도 2017년부터 TSMC와 비슷한 생태계를 본격적으로 조성하기 시작하였다. 그러면서 사업이 조금씩 성장하기 시작하였으며 지금은 TSMC 못지않은 많은 수의 파트너 기업들과 협력하고 있다. 하지만 과거 삼성 파운드리는 수직계열화와 내재화 전략으로 모든 것을 독자적으로 진행하려 하였다.

지금 TSMC와 삼성 파운드리는 많은 파트너 기업과 협력관계를 맺고 있으며 파트너 기업은 양 사 모두 100개사 이상이다. 하지만 TSMC는 오랜 기간 신뢰를 바탕으로 공고한 파트너십을 맺기 때문에 삼성 파운드리보다 생태계가 안정적인 편이다. 파운드리 서비스는 기본적으로 신뢰를 바탕으로 이루어지는 사업이다. 파운드리 기업과 파트너 기업 간 신뢰가 부족하면 고객에 완벽한 서비스를 제공할 수 없다. 따라서 파운드리 기업은 파트너 기업과 갑의 위치에서 지시하는 것이 아니라 믿고 따라올 수 있게 만들어야 한다. 그렇게 하기 위해서는 업무상에서 약속을 철저히 지키고 일관성이 있게 행동해야 한다.

나아가 IFS도 조만간 최첨단 공정의 파운드리 사업에 진입할 예정이다. 그리고 IFS는 공정 로드맵을 TSMC와 삼성 파운드리보다 빠른 일정으로 계획하고 있다. 하지만 IFS는 TSMC와 삼성 파운드리에 비해 생태계가 아직 미약한 상태다. 따라서 이미 생태계를 공고하게 구축하고 있는 TSMC와, 아직 공고하다고는 할 수 없지만 그래도 어느 정도 생태계를 구축한 삼성 파운드리를 빠른 시간 내에 따라잡기는 어려울 것으로 보인다. IFS가 아무리 생태계를 빠르게 구축한다 하더라도 생태계 구축에는 어느 정도 시간이 필요하기 때문이다.

앞으로 3사의 파운드리 경쟁에서의 쟁점은 어느 기업이 경쟁력 있는 파트너 기업들과 얼마나 생태계를 공고하게 구축할 수 있느냐가 될 것이다. 그런 점에서 본다면 당연히 TSMC가 유리할 수밖에 없다. 물론 기술력을 비롯한 가격 측면도 파운드리 기업의 경쟁력을 좌우할 수 있다. 하지만 장기적인 관점에서 본다면 공고한 생태계의 구축이야말로 지속가능한 성장의 배경이 될 것이다.

파운드리 생태계의 중요성

　파운드리 생태계의 조성은 파운드리 기업이 사업을 진행하는 데 있어 도움을 받을 수 있는 파트너 기업들과 관계를 맺는 일이다. 그리고 파운드리 생태계를 얼마나 잘 조성할 수 있느냐가 파운드리 기업의 중요한 경쟁력으로 작용한다. 따라서 파운드리 생태계의 조성은 파운드리 기업의 지속적인 성장을 위해 매우 중요한 일이다. 하지만 비즈니스라는 관점에서 보면 파운드리 기업의 이익만을 고려해서 생태계를 구축할 수는 없다. 반드시 서로 윈윈(Win Win)이 되는 관계가 되어야 오랜 기간 지속이 가능하다. 파운드리 기업과 파트너 기업 간 관계는 공생의 관계이므로 서로 도움을 주고받는 관계가 되어야 한다. 파운드리 기업은 단기적인 손해를 감수하더라도 장기적으로 이익이 된다면 희생도 필요하다. 따라서 파운드리 기업은 처음에는 희생을 감수하더라도 파트너 기업들이 성장할 수 있는 기반을 마련할 수 있도록 적극적으로 도움을 주어야 한다. 차후 파트너 기업들이 성장하면 파운드리 기업은 도움을 준 것 이상의 혜택을 받을 수 있다.

　그럼 파운드리 생태계를 구축하는 게 얼마나 중요한 일인지 알아보도록 한다. 시스템반도체 산업 내 모든 기업의 업무는 분업화되어 있다. 즉, 한 기업이 모든 것을 다 잘할 수 없다는 의미이다. 마찬가지로 파운드리 기업도 제조 분야에 특화된 기업이다. 파운드리 기업의 주 임무는 고객의 칩을 제조하는 것이다. 하지만 칩을 제조하기 위해서는 다양한 부가적 업무가 필요하다. 파운드리 기업이 칩을 제조하는 것에만 중점을 두고 나머지를 다른 파트너 기업에 맡길 수 있다면, 오직 제조 분야에만 집중함으로써 경쟁력을 높일 수 있다. 아울러 파트너 기업들이 제조 외 업무를 맡아 충실히 실행한다면 우수한 성과를 얻을 수 있다. 이것이 바로 파운드리 생태계가 중요한 이유다. 만약 파운드리 기업이 제조 이외의 다른 일도 한다면 자원을 여러 곳에 쓰게 되고 본업에 충실하기 어려워진다. 파트너 기업들이 각자의 업무를 잘 수행할 수 있으면 파운드리 기업은 자원을 절약하고 모든 자원을 본업에만 쓸 수 있다. 따라서 파운드리 기업에는 제조 이외의 다른 일을 해줄 수 있는 경쟁력 있는 파트너 기업들이 필요하다. 하지만 파트너 기업들이 처음부터 맡은 일을 잘할 가능성이 낮기 때문에 잘할 수 있게 도움을 줄 필요도 있다. 결과적으로 파트너 기업들을 키우고 일을 잘할 수 있도록 만드는 게 바로 생태계를 구축하는 데 있어 매우 중요한 일이다. 모든 파트너 기업들이 맡은 일을 잘할 수 있게 되면 파운드리 기업의 경쟁력이 강화된다. 또한, 파운드리 기업이 계속해서 기존 파트너 기업들을 도우면서 새로운 파트너 기업을 키우면 생태계의 선순환이 일어난다. 이런 선순환이 자연스럽게 이루어지게 되면 파운드리 기업은 지속가능한 성장을 할 수 있게 된다. 이게 바로 TSMC가 지금까지 성장해온 방식이다.

지금 대만은 반도체 생태계가 매우 공고하게 조성되어 있다. 즉, 파운드리 산업뿐만 아니라 팹리스 산업과 패키징 산업 등도 매우 발전되어 있다. TSMC로 인해 미디어텍 같은 팹리스 기업이 크게 성장할 수 있었으며, GUC와 ASE 같은 디자인 하우스 그리고 OSAT 기업도 마찬가지다. 뿐만 아니라 다른 반도체 관련 기업들도 TSMC로 인해 많은 혜택을 보면서 반도체 생태계가 공고하게 조성될 수 있었다. 이런 공고한 생태계가 대만을 반도체 강국으로 만들었다.

따라서 대만에 반도체 생태계가 공고하게 조성될 수 있었던 것에는 TSMC가 기여한 바가 크다고 할 수 있다. 우선 TSMC가 성장하면서 TSMC의 파트너 기업들이 성장할 수 있었다. 그리고 파트너 기업들이 성장하면서 그 혜택은 다시 TSMC로 돌아왔다. 물론 이런 선순환의 과정을 만든 건 TSMC의 노력에 의한 결과다. 바로 파트너 기업들과 동반성장을 위해 노력해온 것이다. 특히 반도체 산업은 분야별로 고도로 분업화되어 있으면서도 서로 연결된다는 특징이 있다. 즉, 한 기업이 성장하면 그 혜택을 주변의 기업들도 같이 보게 된다. 결과적으로 어느 한 기업이 아무리 뛰어나더라도 모든 일을 다 잘할 수 없기 때문에 다른 분야의 반도체 관련 기업들과 협력하면서 공생관계를 구축해야 하는 것이다.

파운드리 생태계의
주요 기업들

 시스템반도체 분야는 모든 일이 분업화되어 매우 복잡하게 얽혀서 돌아가고 있다. 마치 톱니바퀴처럼 서로 맞물려 돌아가는 것이다. 그래서 어느 한 부품이라도 제 기능을 하지 못하면 원활하게 돌아가기 어려워진다. 반도체 산업의 생태계도 마찬가지다. 파운드리 기업은 생태계에서 주축을 담당하는 기업이라 할 수 있다. 파운드리 기업은 스스로 주축을 원활하게 돌리면서 다른 보조부품들이 잘 맞물려 돌아갈 수 있도록 해야 한다. 그리고 파운드리 주변에 있는 파트너 기업들이 바로 보조부품 같은 기업이라 할 수 있다. 그리고 이들 기업에는 EDA, IP, 디자인 하우스, 클라우드와 OSAT 기업까지 포함될 수 있다. 그럼 이런 파트너 기업들의 성격과 사업에 대해 구체적으로 알아보겠다.

 EDA 기업은 자동화 설계 툴(Design Tool)을 제공하는 기업이다. 과거 1950~60년대에는 칩을 설계할 때 엔지니어가 직접 손으로 그렸다고 한다. 하지만 지금은 칩의 설계가 매우 복잡해졌기 때문에 손으로 직접 그릴 수 없어 소프트웨어를 통해 자동으로 설계한다. 그리고 이런 소프트웨어 툴을 제공하는 기업을 EDA 기업이라 한다.

 IP 기업은 칩을 설계하는 데 필요한 기본 설계를 제공하는 기업이다. 반도체 설계는 블록(Block)이라고 하는 기본 설계를 여러 층으로 쌓아 완성된다. 팹리스 기업은 보통 이런 블록을 여러 IP 기업으로부터 제공받고 나머지를 설계한다. 그래야 적은 비용으로 시장에서 원하는 칩을 빠른 시일 내에 출시할 수 있기 때문이다. 만약 IP 기업이 없다면 팹리스 기업은 직접 모든 설계를 해야 하기 때문에 제품을 빠르게 시장에 내놓을 수가 없게 된다. IP 기업은 처음 계약할 때 라이선스(License) 비용과 나중에 칩이 팔리면 받게 되는 로열티(Royalty) 비용으로 사업을 유지한다.

디자인 하우스는 여러 가지 역할을 하는 기업이다. 먼저 파운드리 기업과 팹리스 기업의 사이에서 칩을 제조할 수 있게 재설계하는 역할을 한다(파운드리 기업의 공정은 기업마다 모두 다르기 때문에 팹리스 기업은 원하는 파운드리 기업에 맞게 칩을 설계해야 제조할 수 있다.). 이외에도 팹리스 기업이 원하는 모든 일을 대신해서 진행한다(예를 들면 백엔드(Back-end) 설계를 대신 해주거나 패키징을 어떤 식으로 진행할지를 고려하여 OSAT 기업과 연결해주기도 한다.). 또, 팹리스 기업을 발굴하는 영업을 파운드리 기업이 아닌 디자인 하우스가 대신한다. 아울러 파운드리 기업으로부터 단순 디자인 일부를 용역과 유사한 방식으로 맡기도 한다. 이런 기업을 TSMC는 DCA(Design Center Alliance)라 하고 삼성 파운드리는 VDP(Virtual Design Partner)라 한다. 나아가 모든 서비스를 턴키 방식으로 제공하는 기업을 TSMC는 VCA(Value Chain Alliance)라 하고 삼성 파운드리는 DSP(Design Solution Partner)라 한다. TSMC의 경우 보통 DCA에서 VCA로 가기 위해서는 몇 년 정도 걸리지만, 얼마 전 코스닥 시장에 상장된 에이직랜드(ASIC Land)는 바로 TSMC의 VCA가 되었다.

클라우드 기업은 언제, 그리고 어디서나 필요에 맞게 칩을 설계할 수 있는 공간을 제공한다. 최근 칩의 설계가 가면 갈수록 복잡해지고 있기 때문에 많은 클라우드 공간이 필요해지고 있다. 아울러 기존 EDA 툴은 개별 라이선스 형태로 제공되어 첨단공정으로 진화할수록 라이선스 비용 부담이 커져 중소 팹리스 기업이 사용하기 어려운 점이 있다. 따라서 최근 라이선스 방식의 대안으로 클라우드가 주목받으면서 구글 클라우드(Google Cloud)와 AWS(Amazon Web Services) 등 클라우드 기업과 EDA 툴 기업 간 협력이 강화되고 있다.[7]

마지막으로 OSAT 기업은 반도체의 패키징과 테스트를 하는 기업이다. 최근 후 공정의 중요성이 크게 부각되고 있다. 미세화 진전에 한계가 점점 다가오고 비용도 엄청난 수준으로 늘어나면서 기존에 주목받지 못했던 패키징 방법을 고도화하여 비교적 적은 비용으로 성능을 높일 수 있기 때문이다. 따라서 비록 미세화 공정에서 앞서지 않더라도 패키징으로 얼마든지 부족한 부분을 채울 수 있다(2015년 TSMC는 16nm 공정의 FoWLP(Fan out Wafer Level Packaging) 방식으로 삼성 파운드리 14nm의 성능을 넘어서는 데 성공하였고, 이 성과로 애플 아이폰에 들어가는 AP 제조를 삼성 파운드리로부터 빼앗은 적이 있다.). 따라서 지금 팹리스 기업들은 파운드리 기업뿐만 아니라 패키징 기업을 어느 기업으로 정할지도 매우 중요한 문제가 된 지 오래다. 물론 파운드리 기업 스스로 패키징을 할 수 있는 능력이 어느 정도 되지만 다품종 소량생산의 시스템반도체 사업의 특성상 모든 패키징을 파운드리 기업이 할 수는 없는 상황이다. 따라서 패키징 능력이 우수한 OSAT 기업을 파트너로 만드는 건 무엇보다 중요한 문제다.

뿐만 아니라 소부장 기업들도 반도체 생태계에서 없어서는 안 되는 존재다. 최근 TSMC가 일본에 과감하게 투자할 수 있었던 배경에는 일본의 소부장 생태계가 공고하다는 이유도 있었다. 특히 대만의 부족한 부분도 바로 소부장 기업의 생태계. 따라서 소부장 기업의 생태계가 잘 조성된 일본이 매력적인 투자처였을 것이다.

이와 같이 시스템반도체 생태계에는 다양한 기업들이 공존하고 있다. 반도체 산업이 글로벌 비즈니스가 될 수 있었던 것도 국가마다 강점이 있는 반도

---

[7] 권동준, 반도체 설계 클라우드 바람… '구글' 입김 세졌다, 전자신문, 2022년 10월 17일(https://www.etnews.com/20221014000147)

체 관련 기업들이 다양하게 존재하기 때문이다. 그런 강점이 있는 기업들을 찾다 보니 한 국가에서는 해결이 되지 않아 다양한 국가의 기업들과 거래하게 된 것이다. 물론 자국 기업을 활용하는 게 가장 유리하지만 그렇다고 경쟁력이 없는 자국 기업을 활용할 수는 없는 노릇이다. 자국의 부족한 기업을 이용하면 경쟁력이 약화될 게 분명하기 때문이다.

 결과적으로 파운드리 기업은 앞서 언급한 다양한 기업과 공존, 공생해야 살아남을 수 있는 운명이다. 이게 바로 지금 삼성 파운드리가 적극적으로 파운드리 생태계를 조성하는 이유다. 따라서 파운드리 기업은 파트너 기업들을 늘리는 것뿐만 아니라 어떻게 하면 그들과 더욱 공고한 생태계를 구축할 수 있을지 고민해야 한다.

팹리스 기업과
파운드리 기업의 공생

팹리스 기업과 파운드리 기업은 서로 공생하는 관계다. 파운드리 기업이 없으면 팹리스 기업은 생존이 어려울 뿐만 아니라 팹리스 기업이 없으면 파운드리 기업도 어려워진다. 따라서 서로 도움을 주고받을 수밖에 없는 관계이고, 팹리스 기업이 살되면 파운드리 기업들도 수혜를 본다. 마찬가지로 파운드리 기업이 성장하면 팹리스 기업도 더불어 성장할 수 있다. 일반적으로 파운드리 기업과 팹리스 기업으로 분업화되는 건 주로 시스템반도체 분야다. 시스템반도체는 아날로그 반도체가 아니라면 미세화할수록 반도체 기업의 경쟁력이 높아진다. 그렇다 보니 반도체 기업들은 미세화로 칩에 대한 PPA(Performance, Power, Area)에서 이점을 갖게 되면서 경쟁력을 이어올 수 있었다. 하지만 많은 IDM 기업이 비용 문제로 더 이상 미세화가 어렵게 되면서 자체적으로 미세화하는 것을 포기하고 전문 파운드리 기업에 칩을 위탁하여 생산하기 시작하였다. 그리고 칩의 설계가 늘어나고 파운드리 수요가 지속적으로 생기면서 팹리스 기업과 파운드리 기업으로 분업이 가속화되었다.

하지만 메모리반도체의 경우 일괄생산이 더 일반적이다. 메모리반도체는 설계 난이도가 시스템반도체보다 비교적 낮기 때문에 한 개의 기업에서 설계, 제조와 패키징을 모두 진행하는 게 더 유리하다. 그리고 메모리반도체는 소품종 대량생산이다 보니 한 개의 기업에서 모든 과정을 진행하는 게 더 효율적이다. 물론 메모리반도체의 경우도 예외적으로 팹리스 기업들이 존재하고 메모리반도체의 생산을 파운드리 기업이 대신해주기도 한다. 하지만 메모리반도체를 설계하는 팹리스 기업은 그 숫자가 그리 많지 않다(국내에 있는 대표적인 메모리반도체 팹리스 기업은 피델릭스와 제주반도체가 있다.).

한편 시스템반도체 분야에서는 팹리스와 파운드리 생태계를 잘 조성하는 게 중요하다. 대만이 시스템반도체 분야에서 강국인 건 팹리스와 파운드리 기업의 생태계가 잘 조성되어 있기 때문이다. 물론 처음에는 TSMC와 UMC 같은 기업들이 생태계를 조성하기 시작하였다. 대만 내 이런 생태계가 어느 정도 조성되면서 팹리스 기업이 많이 생기기 시작하였고, 팹리스 기업은 자국 파운드리 기업의 든든한 배경을 바탕으로 자유롭게 칩을 설계할 수 있었다. 이와 같이 많은 대만 팹리스 기업이 TSMC와 UMC에 위탁생산을 시작하면서 이들 기업도 성장할 수 있었다.

하지만 한국을 보면 시스템반도체 분야는 아직도 시장점유율이 3.4% 정도밖에 되지 않아 매우 취약하다. 시스템반도체 분야가 취약한 이유는 팹리스와 파운드리 기업의 생태계가 아직 제대로 갖추어지지 않고 있기 때문이다. 지금 삼성 파운드리가 생태계를 구축하는 일에 전념하고 있지만 아직 갈 길이 멀다. 일단 국내 팹리스 기업의 숫자가 크게 부족하다. 국내 팹리스 기업은 150개가 채 되지 않는다. 그나마 최근 AI 관련 팹리스 기업들이 증가하는 건 다행스러운 점이다. 일단 국내 시스템반도체 분야를 육성하기 위해서는 파운드리 기업들이 많이 생겨야 한다. 그래서 칩을 설계하면 국내 파운드리 기업에 문제없이 맡길 수 있는 분위기를 조성해야 한다. 하지만 아직도 많은 국내 팹리스 기업이 해외 파운드리 기업을 이용하는 것을 보면 국내 파운드리 기업을 이용할 수 있는 환경이 아직도 형성되지 않고 있다는 것을 알 수 있다.

파운드리 기업이 생태계를 조성하기 위해 팹리스 기업을 지원해 성공한 사례는 파운드리 기업인 TSMC와 팹리스 기업인 미디어텍, 엔비디아, AMD의 관계에서도 알 수 있다. TSMC는 과거 1990년대 후반 미디어텍, 엔비디아, AMD가 규모가 작은 소기업이었는데도 불구하고 적극적으로 자사의 파운드리를 사용할 수 있도록 허락하였다. 비록 당시 작은 기업들이지만 미래 성장성을 크게 본 것이다. 나아가 이들 팹리스 기업이 설계에 어려움을 겪고 있을 때는 적극적으로 설계도 지원하였을 뿐만 아니라 적합한 공정도 찾아주었다. 규모가 작은 팹리스 기업은 TSMC와 같은 대형 파운드리 기업에는 재정적으로 큰 도움이 되지 않는다. 하지만 지금은 이들이 TSMC의 핵심고객일 뿐 아니라 주요 매출원이 되었다. TSMC는 현재를 본 게 아니라 미래를 본 것이다.

TSMC의 적극적인 지원에 따라 지금 이들 팹리스 기업은 엄청난 규모의 대형 팹리스 기업이 될 수 있었다. 지금도 TSMC는 스타트업(Start-up) 팹리스의 기술이 우수하고 성장성이 있다면 적극적으로 자사의 공정을 활용하도록 도우면서 기술지원도 아끼지 않고 있다. 당시 TSMC의 모리스 창은 고객들이 성장하는 모습을 지켜보는 게 가장 큰 기쁨이라는 말을 한 적도 있다. 만약 TSMC가 이들 기업을 적극적으로 돕지 않았다면 TSMC도 지금처럼 성장할 수 없었을 것이다.

반면 삼성 파운드리는 이미 성장한 기업을 위주로 위탁생산을 하는 식이어서 단기적으로 도움이 될지 모르지만 장기적으로는 손해일 수 있다. 그리고 설계지원도 작은 팹리스 기업들에는 부족한 점이 있다(물론 최근 삼성 파운드리는 전략을 바꾸어 작은 팹리스 기업도 성장성이 있으면 파운드리 서비스를 진행하지만 이런 전략이 계속 유지될 수 있을지는 두고 볼 필요가 있다.). 기업은 비즈니스를 단기적인 시각이 아니라 장기적인 시각으로 바라보아야 지속가능한 성장을 할 수 있다. 따라서 삼성 파운드리에도 보다 장기적인 관점이 요구된다.

파운드리 생태계 구축의 효과

 그럼 파운드리 생태계를 잘 구축하면 어떤 이익이 생길까? 물론 파운드리 기업은 다양한 측면에서 혜택을 볼 수 있다. 하지만 여기서는 몇 가지 중요한 요점들만 간추려서 설명해보도록 한다.
 우선 장기적으로 안정적인 성장을 도모할 수 있게 된다. 지금도 많은 반도체 기업이 10년도 되지 않은 채 사라지는 경우가 많다. 그만큼 반도체 사업에서도 살아남기가 만만하지 않다. 더욱이 반도체 시장에서도 지속적인 성장을 할 수 있는 기업은 극히 드물다. 물론 파운드리 기업도 마찬가지다. 특히 파운드리 기업이 생태계를 구축하려는 노력을 하지 않고 단기적인 이익만 보고 파운드리 사업을 한다면 거의 실패할 확률이 높다. 이는 과거 삼성 파운드리와 인텔의 사례만 봐도 잘 알 수 있다.
 파운드리 생태계를 구축하는 건 사업을 단기적인 관점이 아니라 장기적인 관점에서 바라보고 진행하는 것이다. 비록 파운드리 생태계를 만드는 일이 속도는 느릴 수 있지만 한번 공고하게 구축되면 그 힘이 엄청나다. 따라서 파운드리 기업은 공고한 생태계를 위해 다양한 파트너 기업과 신뢰를 쌓는 것이 무엇보다 중요하다. 생태계에 속한 기업들이 서로 신뢰를 구축하기 위해서는 많은 시간이 필요하다. 파트너 기업들과 장기간 신뢰를 쌓아온 파운드리 기업은 그만큼 기본이 튼튼하다. 따라서 이와 같은 파운드리 기업은 아무리 어려운 상황에 봉착하더라도 쉽게 무너지기 어려울 뿐만 아니라 파트너 기업들의 강력한 신뢰를 기반으로 지속가능한 성장이 가능하다.

다음으로는 다른 어떤 파운드리 기업도 따라오기 어려운 차별적인 경쟁력을 갖게 된다. 공고한 생태계를 구축하는 건 오랜 시간이 필요한 일이기에 짧은 시간 내에 다른 경쟁 기업이 따라올 수 없다. 그만큼 시간이 많이 필요하고 어려운 일이기 때문이다. 따라서 생태계를 공고하게 구축한 파운드리 기업은 생태계에 있는 모든 기업이 힘을 모아 발산하는 시너지(Synergy)로 인해 최대의 역량을 발휘할 수 있게 될 뿐만 아니라, 다른 경쟁 기업이 이런 역량을 모방하기도 어려워진다. 특히 파운드리 기업은 공고한 생태계로 인해 역량을 강화할 수 있어 위탁제조 분야에서 차별적인 경쟁력을 갖추게 된다. 그리고 파운드리 기업은 가진 모든 자원을 다른 분야가 아닌 제조 분야에만 집중함으로써, 핵심역량을 강화할 수 있다. 나머지 분야의 업무는 파트너 기업들이 알아서 잘 진행할 것이기 때문이다. 이런 식으로 파운드리 기업이 모든 자원을 핵심역량에만 집중할 수 있으면 제조역량을 더욱 극대화할 수 있다. 파운드리 분야에서 최고의 기업이 될 수 있는 것이다.

마지막으로 고객들이 파운드리 생태계를 벗어나기 어려워 고객들과 가격 협상에서 유리한 고지를 점할 수 있게 된다. 지금 TSMC의 경우를 보면 잘 알 수 있듯이 TSMC는 삼성 파운드리보다 파운드리 서비스에서 가격뿐만 아니라 이익도 매우 높은 편이다. TSMC의 파운드리 서비스 가격이 높은데도 불구하고 많은 팹리스 기업이 TSMC를 이용하고 있다는 건 고객들이 그만큼 TSMC가 구축한 생태계를 떠나기 어려움을 의미한다. 고객이 TSMC의 생태계를 통해 얻게 되는 서비스에 만족하기 때문에 벗어나면 손해라는 인식이 있는 것이다. 비즈니스 세계는 냉엄한 현실이다. 고객은 조금이라도 도움이 되지 않는다고 판단이 들면 언제든 떠날 준비가 되어 있다. 이런 상황을 보면 많은 고객이 이미 TSMC의 파운드리 생태계에서 쉽게 떠날 수 없는 입장이 된 것이다. TSMC는 개방형 혁신 플랫폼(Open Innovation Platform)이라는 생태계를 기반으로 고객들을 생태계 안에 머물게 함으로써 고객을 지속적으로 유지할 수 있었다. 마찬가지로 삼성 파운드리도 SAFE(Samsung Advanced Foundry Ecosystem)라는 형태로 TSMC와 유사한 생태계를 구축하고 있다.

Chapter 7

파운드리 기업의 경쟁력

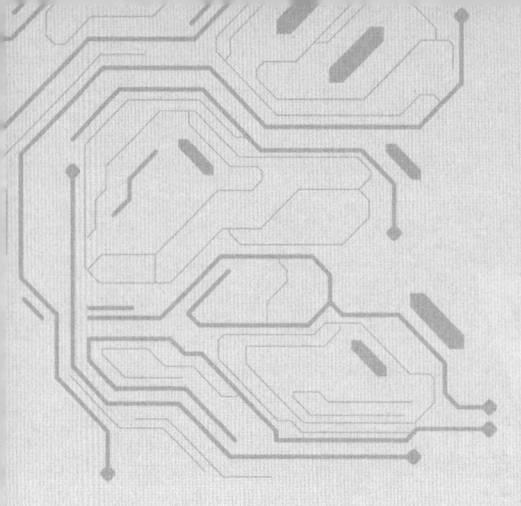

- ▶ 공정 미세화 능력
- ▶ 다양한 IP의 보유
- ▶ 디자인 하우스의 영업력
- ▶ 패키징 능력
- ▶ 가격 경쟁력

파운드리 기업은 다양한 기준으로 경쟁력을 평가할 수 있다. 하지만 다양한 기준 중에서도 가장 중요한 건 바로 기술력일 것이다. 기술력이 경쟁 기업보다 얼마나 앞서 있느냐는 파운드리 기업의 가장 중요한 경쟁력으로 볼 수 있기 때문이다. 특히 7nm 이하의 최첨단 공정을 다루는 파운드리 기업은 칩을 얼마나 미세화된 공정으로 경쟁 기업보다 빠르고 수율이 우수하게 양산할 수 있느냐가 가장 중요한 문제일 것이다. 이런 점에서는 TSMC와 삼성 파운드리가 파운드리 산업에서 가장 앞서 있음을 부인하기는 어려울 것이다. 하지만 파운드리 기업의 경쟁력을 평가할 때 미세화 공정뿐만 아니라 다른 요소들도 중요하다. 예를 들면 파운드리 생태계가 공고하게 구축이 되어 있는지, IP를 얼마나 다양하게 많이 보유하고 있는지, 혹은 패키징의 능력은 어느 정도 수준인지 등이다. 나아가 가격적인 측면도 무시할 수 없다. 고객들도 그들의 제품을 판매하기 위해 가격 경쟁력이 필요하기 때문이다. 그 외 참고사항으로 파운드리 기업이 어떤 디자인 하우스와 같이 일하는지, 혹은 서비스 능력은 어느 정도인지도 중요한 기준이 될 수 있다.

파운드리 기업은 이런 다양한 이점을 경쟁 기업보다 얼마나 더 많이 갖추고 있느냐에 따라 시장점유율이 달라질 수 있다. 지금 상황에서는 역시 TSMC가 대부분의 조건에서 가장 앞서고 있다. 물론 삼성 파운드리가 GAA라는 앞선 기술로 3nm 공정을 TSMC보다 6개월 빠르게 양산한 건 인정하는 부분이다. 하지만 양 사의 기술력 차이는 아직도 몇 년 이상 벌어져 있다.

추가적으로 IFS도 예상보다 빠른 속도로 TSMC와 삼성 파운드리가 점유하는 시장에 진입할 수 있을 것으로 보인다. 물론 IFS가 TSMC 그리고 삼성 파운드리와 비교해 얼마나 경쟁력을 가질 수 있을지는 두고 볼 필요가 있다. 아직까지 IFS는 검증된 경쟁 기업이 아니기 때문이다. 하지만 과거 인텔은 반도체 시장에서 가장 첨단의 기술 경쟁력을 가진 기업이었기 때문에 결코 무시할 수 없는 경쟁 상대다. 뿐만 아니라 중국 파운드리 기업들의 성장세도 무시하지 못할 정도로 빠르다. 중국 정부에서 전폭적으로 지원한 결과, 2023년 SMIC는 DUV 장비를 사용하여 7nm 반도체를 생산해냈다. 그리고 화홍반도체의 성장세도 주목할 만하다. 특히 중국에 많은 팹리스 기업들이 있기 때문에 중국 파운드리 기업들을 정부에서 계속 지원할 수밖에 없는 상황이다. 앞으로도 중국 파운드리 기업들은 정부 지원을 바탕으로 경쟁력을 키워나갈 것으로 보고 있다.

한편 파운드리 산업은 매년 10% 이상 성장이 기대되고 있다(일반적으로 칩 분야는 매년 성장률이 6% 이하며 특히 팹리스 분야는 진입장벽이 낮은 편이기 때문에 경쟁이 매우 치열하다.). 그리고 지금도 파운드리 사업의 진입장벽이 높은 편이고 앞으로는 더욱 높아질 것으로 보이기 때문에 기존 파운드리 기업들은 큰 수혜를 볼 게 거의 확실하다(7nm 이하 EUV 공정은 앞으로도 진입할 수 있는 기업들이 거의 없기 때문에 기존 EUV 공정의 파운드리 기업들의 성장성이 10nm 이상의 공정을 다루는 파운드리 기업들의 성장성보다 클 것으로 보고 있다.). 하지만 경쟁력이 부족한 파운드리 기업이 시장점유율을 높이기 어렵기는 마찬가지다. 따라서 파운드리 기업은 어떻게 해서든 경쟁 기업보다 경쟁력을 높여야 한다. 그러면 파운드리 기업이 경쟁력을 높이기 위한 요소로서 생태계를 조성하는 것 외에 어떤 것들이 있는지 알아보도록 한다.

공정 미세화 능력

과거 공정 미세화는 다수 IDM 기업의 생명줄과 같았다. 하지만 메모리반도체 IDM 기업을 제외한 대부분의 IDM 기업은 미세화를 포기한 상태다. 그리고 파운드리 산업에서 7nm 이하 공정의 미세화 경쟁은 매우 치열하게 진행되고 있다. 어느 파운드리 기업이 경쟁 기업보다 빠른 일정으로 공정을 미세화할 수 있느냐는 지금도 많은 사람에게 초관심사다. 스마트폰, PC, 서버와 AI 등에 사용되는 칩은 성능이 매우 중요하기 때문에 고객들은 성능이 우수한 칩을 원한다. 따라서 미세화 공정에서 가장 앞서 있는 파운드리 기업이 선호될 수밖에 없다. 하지만 문제는 바로 비용이다. 과거에는 미세화를 한 단계씩 높일 때마다 비용이 많아야 2~3배 정도 증가하였지만, 지금은 수십 배가 될 정도로 비용이 급격하게 상승하고 있다. IDM 기업이 미세화 공정을 한 단계 높이더라도 칩이 팔리지 않으면 도산할 수도 있다. 따라서 이런 위험을 피하기 위해 IDM 기업은 물량을 파운드리 기업에 맡기는 일이 늘어나고 있다. 하지만 파운드리 기업은 칩 생산을 의뢰하는 팹리스 기업들이 많기 때문에 파운드리 수요는 줄더라도 수주를 받을 수 있는 기업은 항상 존재한다. 그렇다 보니 파운드리 기업은 미세공정을 위한 팹 투자를 과감하게 할 수 있다. 결과적으로 대부분의 IDM 기업은 7nm 이하 미세공정을 포기했으며 최근 인텔마저도 첨단공정을 IFS에서 진행하고 있다.

현재 첨단공정 파운드리 기업들은 경쟁 기업보다 미세화에서 앞서나가기 위해 많은 자금을 투자하고 있다. 7nm 이하 공정은 진행할 수 있는 기업들이 이미 어느 정도 정해진 상태지만 불과 10년 전만 해도 적지 않은 파운드리 기업이 7nm 이하 공정의 진입을 검토한 적도 있었다. 예를 들면 UMC와 글로벌파운드리스 등이다. 하지만 이들 기업은 막대한 투자비용에 따른 리스크가 너무 크기 때문에 진입을 포기하였다. 아마도 막대한 비용에 따른 리스크가 크지 않았더라면 진입하였을 것이다. 마찬가지로 중국 최대 파운드리 기업인 SMIC도 어떻게 해서든 7nm 이하 공정에 진입을 시도하려 하였으나 미국의 EUV 장비 도입에 대한 제재로 어쩔 수 없이 좌절된 적이 있다. 그만큼 앞선 미세화 공정은 경쟁 기업을 따돌릴 수 있는 중요한 터닝포인트(Turning Point)라 할 수 있다. 미세화 공정이 진전될수록 칩의 PPA가 좋아지기 때문에 그동안 많은 기업이 공정 미세화를 통해 경쟁력을 키워올 수 있었다. 지금도 첨단공정 파운드리 기업들에서는 공정의 미세화가 공격적으로 진행되고 있으며 몇 개의 기업은 1nm 반도체를 만들 수 있는 공정을 개발 중이다. 물론 1nm 이하가 되면 공정의 미세화가 어렵게 될 가능성이 있기 때문에 칩의 PPA를 향상시키기 위한 다양한 방법들이 고안되고 있다. 그중에서 가장 대표적인 게 패키징의 방법을 고도화해서 칩의 성능을 높이는 것이다. 이 방법은 지금도 많은 연구가 진행되고 있으며 실제로도 많은 반도체 기업이 이런 방법을 통해 칩의 성능을 높이고 있다. 예를 들면, 2.5D와 3D 패키징 등이다.

그럼에도 불구하고 2030년까지는 미세화 경쟁이 지속적으로 이어질 것으로 보고 있다. 물론 미세화의 진전이 그리 중요하지 않은 반도체도 있다. 바로 아날로그 반도체로 구체적으로는 파워반도체, 이미지센서, DDI 등과 같은 제품들이다. 그리고 이런 아날로그 반도체를 생산하는 파운드리 기업들도 다수 존재하는데, 주로 8인치 웨이퍼로 생산하는 DB하이텍, SK키파운드리, SK하이닉스 시스템 IC와 타워반도체 등이다. 따라서 이들 파운드리 기업의 가장 중요한 경쟁력은 미세화 능력이 아니며 다른 요소들이 더 중요하다.

결론적으로 앞으로 7nm 이하 미세공정을 진행하는 기업은 TSMC, 삼성 파운드리, IFS, SMIC, 화홍반도체와 라피더스 등이 될 것으로 보고 있다. 중국 기업들은 미국의 제재로 인해 EUV 장비를 구할 수 없는 상황이기 때문에 2nm 반도체는 앞으로도 생산이 어려울 가능성이 있다. 그 외의 다른 파운드리 기업들은 10nm 이하 공정의 진행이 쉽지 않을 전망이다.

다양한 IP의 보유

IP는 반도체를 구성하는 블록이다. 팹리스 기업은 칩의 설계를 위해 IP 기업으로부터 다양한 블록을 받고 일부는 자체적으로 설계한다. 팹리스 기업이 IP가 필요한 이유는 IP가 없으면 모든 설계를 직접 해야 하고 비용적으로나 시간적으로 큰 어려움이 생겨서 칩을 원하는 시점에 출시할 수 없기 때문이다.

이에 따라 팹리스 기업이 필요한 IP를 파운드리 기업이 대신 보유하게 된다. 하지만 파운드리 기업도 자원이 한정되어 있기 때문에 모든 IP를 자체적으로 개발하기 어렵다. 그리고 파운드리 사업을 하려면 팹리스 기업의 니즈를 충족시켜야 하기에 파운드리 기업이 다양한 IP 기업과 파트너십을 맺는 건 매우 중요하다. 다양한 IP 기업과 파트너십을 맺음으로써 많은 수의 IP를 보유할 수 있게 되면 사업이 매우 유리해질 수 있기 때문이다. 기본적으로 팹리스 기업은 설계하고자 하는 칩에 대한 IP가 없으면 설계를 할 수 없다. 따라서 파운드리 기업은 다양한 IP를 많이 보유해야 팹리스 기업의 선택을 받을 수 있다. 실제 필자는 10년 전 어느 팹리스 기업을 방문해서 엔지니어를 만난 적이 있다. 그때 그 엔지니어는 삼성 파운드리를 이용하고 싶지만 자사의 칩에 대한 IP가 없어서 TSMC를 이용하고 있다고 말한 적이 있다. 그만큼 IP는 파운드리 기업을 선택하는 데 있어 중요한 조건이 된다. 실제로 TSMC는 고객이 매우 다양하고 많기 때문에 팹리스 기업이 원하는 IP를 대부분 보유하고 있다

(현재 TSMC는 500개가 넘는 고객을 보유 중일 뿐만 아니라 수많은 다양한 IP 기업과 파트너십을 맺고 있다.). 물론 최근 삼성 파운드리도 이런 단점을 보완하기 위해 많은 IP 기업과 파트너십을 맺고 있다. 하지만 여전히 삼성 파운드리는 TSMC보다 훨씬 적은 IP를 보유하고 있다. 그리고 2023년 삼성 파운드리는 파운드리 포럼에서 파운드리 사업을 강화하기 위해 많은 IP 기업과 제휴를 맺겠다고 선언한 적이 있다. 과거 국내에서는 IP 기업이 비디오 분야 IP를 제공하는 칩스앤미디어(Chips & Media)를 제외하면 거의 존재하지 않았다. 하지만 최근 퀄리타스반도체(Qualitas Semiconductor), 아크칩스(ArkChips)와 오픈엣지테크놀로지(OpenEdge Technology) 같은 IP 기업이 생겨나면서 IP 생태계의 저변이 조금씩 넓어지고 있다. 나아가 중국에서도 가격 경쟁력을 가지고 있는 IP 기업들이 많이 생겨나면서 삼성 파운드리와 파트너십을 맺고 있다. 중국 IP 기업들은 가격을 무기로 무섭게 성장하고 있어 국내 IP 기업에 위협이 될 수 있으나 국내 파운드리 기업에는 도움이 될 수 있다.

이와 같이 다양한 IP를 얼마나 보유하고 있느냐가 파운드리 기업의 경쟁력으로 이어진다. TSMC는 보유하고 있는 IP 수가 5만 5,000개 이상이고 삼성 파운드리는 1만 개 이하다. 그렇다 보니 많은 팹리스 기업이 TSMC를 선호할 수밖에 없다. 따라서 최근 삼성 파운드리는 새로운 IP 기업들과 파트너십을 늘려나가고 있다. 특히 최근 중국 IP 기업들이 많은 IP를 만들고 있다. 아직 시놉시스 그리고 케이던스와 같은 선진 기업들과 비교하면 기술 수준이 낮은 편이지만 가격이 저렴하다는 장점이 있다. 그리고 중국 IP 기업들도 기술력이 점차적으로 높아질 것으로 보고 있다.

최근 4차 산업의 성장과 더불어 새로운 애플리케이션이 활성화됨에 따라 다양한 IP가 필요해지고 있다. 그리고 IP 기업들은 다양한 애플리케이션에 사용되는 새로운 IP를 개발하여 시장에 내놓고 있다. 앞으로도 다양한 칩의 설계가 늘어남에 따라 IP 수요는 늘어날 전망이다. 나아가 신규 IP 기업도 지속적으로 생겨날 것으로 보고 있다. 따라서 파운드리 기업은 새로운 IP 기업과 파트너십을 늘려나갈 필요가 있다.

디자인 하우스의 영업력

얼마나 유능한 디자인 하우스와 파트너십을 맺고 있느냐가 파운드리 사업의 운명을 좌우할 수도 있다. 특히 최근 디자인 하우스는 고객에 대한 단순 디자인 서비스에만 머물지 않고 다양한 부분으로 역할을 확대하고 있다. 그리고 디자인 하우스의 중요한 능력 중 하나가 바로 영업력이며, 이런 영업력은 파운드리 기업의 실적과도 직접적으로 관련된다. 디자인 하우스가 기존 고객들을 잘 관리하면서 얼마나 많은 신규 고객을 발굴할 수 있느냐가 파운드리 기업의 매출에 직접적인 영향을 미치기 때문이다. 물론 디자인 하우스의 기술 능력과 서비스 능력도 중요한 부분이다.

일반적으로 대형 팹리스 기업들은 자체적으로 모든 설계를 직접하는 경우가 많기 때문에 디자인 하우스가 필요하지 않은 경우도 많다. 하지만 중소 팹리스 기업들은 디자인 하우스에 의존하여 파운드리 서비스를 받을 수밖에 없다. 그리고 대형 파운드리 기업의 경우 중소 규모의 팹리스 기업들을 모두 세밀하게 관리하기 어렵기 때문에 디자인 하우스의 역할이 중요하다. 특히 대형 파운드리 기업은 일일이 소형 팹리스 기업과 소통이 어렵기 때문에 디자인 하우스가 소형 팹리스 기업을 전적으로 관리하는 경우가 많다. 뿐만 아니라 디자인 하우스의 업무는 팹리스 기업이 칩을 제조하는 데 필요한 모든 서비스를 일괄적으로 지원하는 턴키 방식이 비즈니스의 대세가 되고 있다. 따라서 칩의 백엔드(Back end) 설계와 팹리스 기업이 설계한 디자인을 파운드리 공정에 맞게 재설계하는 것뿐만 아니라 칩의 패키징과 마케팅까지도 관여할 수 있다. 다수 디자인 하우스의 기본적인 전략은 팹리스 기업이 필요한 건 어떤 서비스든 제공하겠다는 것이다. 따라서 디자인 하우스는 어떻게 보면 팹리스 기업보다 업무 범위가 넓어 팹리스 기업의 사업 영역에도 진입할 수 있다. 하지만 팹리스 기업과의 신의 문제로 디자인 하우스가 자사 브랜드의 칩을 만들기는 어렵다.

결과적으로 파운드리 기업은 디자인 하우스의 기술력과 규모도 중요하게 고려하지만 팹리스 기업에 대한 영업력과 서비스 능력도 참고하여 파트너 기업으로 결정한다. 따라서 이런 다양한 능력을 보유한 디자인 하우스는 많은 파운드리 기업의 선택을 받을 가능성이 크다. 이런 디자인 하우스를 선택하는 게 파운드리 기업에 매우 중요하기 때문이다. 아울러 일반적으로 파운드리 기업은 다수의 디자인 하우스를 파트너로 갖지만, 디자인 하우스는 2개 이상의 파운드리 기업을 파트너로 가질 수 없다. 예를 들어, 파운드리 기업은 20개 이상의 디자인 하우스와 파트너십을 맺는 것도 가능하다. 하지만 파운드리 기업은 자사 공정에 대한 비밀 정보가 외부로 새어 나가는 것을 원하지 않기 때문에 자사와 계약을 맺은 디자인 하우스가 다른 파운드리 기업과 파트너십을 맺는 것을 허용하지 않는다. 따라서 디자인 하우스의 입장에서는 어느 파운드리 기업과 파트너십을 맺느냐가 사업에 결정적인 영향을 준다. 반면 파운드리 기업의 입장에서는 일부 디자인 하우스가 영업력이 부족하더라도 다른 디자인 하우스로 부족한 부분을 얼마든지 보충할 수 있다.

결론적으로 파운드리 기업은 영업력이 뛰어난 디자인 하우스를 가질수록 실적이 좋아지기 때문에 영업력이 있는 디자인 하우스를 많이 보유할수록 유리하다(물론 우수한 기술력은 기본이다.). 그리고 영업 활동은 기본적으로 디자인 하우스의 역할이다. 물론 지금은 파운드리 기업들의 경쟁도 치열해졌기 때문에 파운드리 기업들도 자체적으로 영업부서를 두고 있다.

패키징 능력

 이미 언급한 바와 같이 반도체 제조에서 전 공정 못지않게 후 공정인 패키징이 중요해지고 있다. 과거 패키징은 후 공정으로 단순 작업이어서 그리 주목을 받지 못하였으며 칩의 성능 개선은 주로 전 공정에서 이루어졌다. 그리고 과거 패키징은 칩의 성능과 관계없이 다음과 같은 3가지 목적으로 사용되었다.
 첫째, 칩을 보호하기 위해서다. 칩이 외부에 노출되면 손상될 수 있기 때문에 보호를 위한 패키징이 필요하다. 둘째, 배선 연결을 위해서다. 칩이 기판에 장착되어 연결되기 위해서는 패키징이 필요하다. 셋째, 열 방출을 위해서다. 칩이 동작하면 열이 발생하는데, 패키징을 함으로써 효과적으로 열을 방출할 수 있다. 하지만 지금은 패키징을 효과적으로 진행하면 칩의 성능이 개선될 수 있으므로, 후 공정이 새롭게 주목받게 되었다.
 과거 파운드리 기업은 주로 OSAT 기업에 패키징을 맡기는 경우가 많았다. 하지만 지금은 패키징 분야가 파운드리 기업의 주요 경쟁력의 원천으로 바뀜에 따라, 중요한 패키징은 주요 글로벌 파운드리 기업들이 자체적으로 해결하려는 움직임이 나타나고 있다.
 특히 패키징 방법에 따라 칩의 성능이 크게 달라지면서 주요 글로벌 파운드리 기업들도 지속적으로 자체 패키징 능력을 키우고 있다. 그리고 후 공정에서 패키징을 진행하는 게 아니라 전 공정에서 미리 패키징을 진행하는 경우도 늘어나고 있기 때문에 주요 글로벌 파운드리 기업들이 자체 패키징 능력을 키울 수밖에 없는 환경이 조성되고 있다.

이에 따라 파운드리 기업들은 공정 미세화뿐만 아니라 패키징에도 많이 투자하고 있다. 아울러 칩의 미세공정이 1nm에 가까워지면서 미세화 비용이 과거에 비해 천문학적인 수준으로 올라가게 된 점도 패키징이 주목받는 이유다. 미세화 대신 패키징 방법을 고도화함으로써 미세화하는 만큼 칩 성능을 올릴 수 있을 뿐만 아니라 비용도 크게 절감할 수 있기 때문에 다양한 패키징 방법이 개발되고 있다.

한편 TSMC는 파운드리 기업 중에서 패키징 분야가 가장 앞서있는 기업이다. TSMC는 앞선 패키징 능력을 바탕으로 애플 같은 주요 빅테크 기업을 핵심고객으로 끌어들일 수 있었다. 특히 최근 파운드리 기업에서도 다양한 패키징 방법이 개발되고 있으며 2.5D와 3D 패키징 등 다양한 방법들이 시도되고 있다. 기본적으로 다양한 칩을 여러 층으로 한 번에 쌓게 되면 칩간 거리가 가까워져 동작 속도가 빨라지게 되고 칩의 전력 효율성도 크게 개선될 수 있다. 따라서 지금과 같은 고성능과 저전력의 반도체가 필요한 AI 시대에는 3D 패키징 방식이 선호될 수밖에 없다. 시장조사 기관인 욜 인텔리전스(Yole Intelligence)의 조사 자료에 의하면, 첨단 패키징 시장 규모는 2022년 443억 달러에서 2028년 786억 달러로 크게 증가할 것으로 예상된다.[8] 따라서 주요 글로벌 파운드리 기업들은 3D 패키징 분야에서 자체 기술을 개발하고 많은 투자를 진행하고 있다.

---

8 Yole Intelligence, DESPITE INDUSTRY SLOWDOWN, ADVANCED PACKAGING MARKET CONTINUES TO THRIVE IN 2023, Yole Group, JUN 2023(https://www.yolegroup.com/product/report/status-of-the-advanced-packaging-2023/)

3D 패키징에 중점을 두는 주요 글로벌 파운드리 기업들을 살펴보면 〈그림 13〉과 같다. 우선 삼성 파운드리는 2.5D 패키징 기술 개발뿐만 아니라 2024년부터 'SAINT(Samsung Advanced INterconnection Technology)'를 활용한 3D 패키징을 출시할 예정이다. IFS도 말레이시아에 패키징 공장을 건설하고 '포베로스(Foveros)'라는 3D 패키징 기술을 자사 최신 칩의 양산에 적극적으로 활용하고 있다. TSMC는 CoWoS(Chip on Wafer on Substrate)라는 2.5D 패키징 라인을 증설하고 3D 패키징 서비스인 'SoIC(System on Integrated Chips)'를 애플과 엔비디아 등의 칩 생산에 제공하는 것으로 알려져 있다.[9] 마지막으로 최근 UMC는 다양한 기업과 3D 패키징 협력체를 구성하였다.

〈그림 13〉 첨단 패키징 시장 규모와 주요 파운드리 기업들의 첨단 패키징 현황

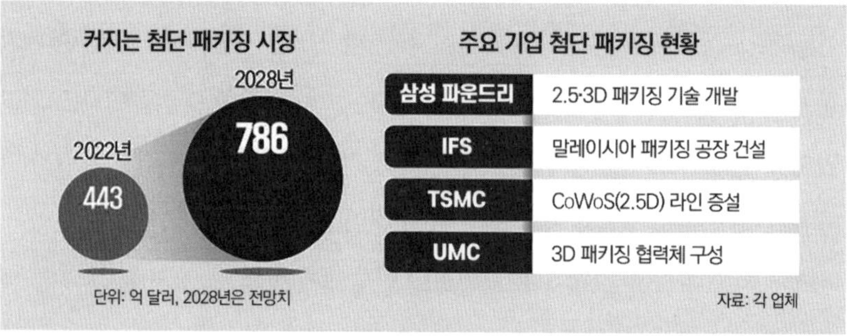

커지는 첨단 패키징 시장	주요 기업 첨단 패키징 현황
2022년: 443 / 2028년: 786 (단위: 억 달러, 2028년은 전망치)	삼성 파운드리: 2.5·3D 패키징 기술 개발 IFS: 말레이시아 패키징 공장 건설 TSMC: CoWoS(2.5D) 라인 증설 UMC: 3D 패키징 협력체 구성

자료: 율인텔리전스(2023년)

이와 같이 주요 파운드리 기업들은 3D 패키징 분야로 반도체 시장을 이끌 수 있도록 많은 관심을 가지고 투자를 병행하고 있다. 따라서 앞으로 파운드리 기업의 경쟁력에서 패키징이 중요한 부분을 차지할 것으로 보고 있다.

---

9 황정수, 칩 쌓는 '3D 패키징'… 100兆 시장 선수친 삼성, 한국경제, 2023년 11월 20일(https://n.news.naver.com/mnews/article/015/0004913085?rc=N&ntype=RANKING)

가격 경쟁력

반도체 기업이 가격 경쟁력을 갖추는 건 매우 중요한 일이다. 파운드리 기업이 제공하는 서비스도 칩의 원가에서 큰 부분을 차지하기 때문에 고객이 원하는 가격으로 서비스를 제공할 수 있어야 한다. 마찬가지로 최종 고객인 세트(시스템) 기업도 자체적으로 생산하는 디바이스(Device)의 가격을 낮추어야 경쟁력이 생기기 때문에 가격이 저렴한 칩을 선호할 수밖에 없다. 하지만 파운드리 기업은 막대한 투자를 진행하지 않으면 생존하기 어렵기 때문에 고객에 제공하는 서비스 가격을 높이고 이익을 높게 취하지 않으면 안 된다. 그렇다고 서비스 가격이 지나치게 높으면 고객의 선택을 받기 어려울 수 있기 때문에 양측이 만족할 수 있는 적정한 수준에서 가격을 정해야 한다.

나아가 파운드리 기업이 고객에 제공하는 서비스 가격을 낮추기 위해서는 혁신이 필요하다. 예를 들면 복잡한 공정을 최대한 단순화하거나 최적화하여 생산원가를 낮추는 것이다. 그리고 수율을 높이기 위해 장비를 철저하게 관리하면서 공정 관리자를 잘 교육하여 생산라인이 끊기지 않고 효율적으로 운영될 수 있도록 다양한 노력이 필요하다. 이외에도 소부장 기업들까지도 혁신에 동참하도록 장려하여 납품 가격을 낮추게 할 수 있다. 내부적으로는 경영 효율화를 통해 낭비되는 비용을 절감할 수 있다. 파운드리 기업은 어떤 방법이든 비용을 줄일 수 있는 부분이 많이 있다. 이렇게 절약된 비용으로 칩을 더욱 저렴하게 만들 수 있다면 고객이 만족하는 가격으로 서비스를 제공할 수 있게 된다.

그동안 TSMC는 파운드리 시장에서 독보적인 지위를 가지고 있었기 때문에 고객에 제공하는 서비스 가격이 대체적으로 높은 편이었다. TSMC가 취하는 이익률도 매우 높은 편으로 50%를 넘길 때도 많았다. TSMC는 이런 고수익을 통해 신규 팹을 건설하고 설비를 업데이트할 수 있었을 뿐만 아니라 우수한 엔지니어를 채용할 수 있었다. TSMC의 이런 투자는 다시 고수익으로 이어지게 되는 선순환 구조를 만들어냈다. 하지만 앞으로 삼성 파운드리의 경쟁력 향상뿐만 아니라 IFS와 래피더스 등의 신규 플레이어(New Player)들이 시장에 진입하면서, TSMC는 과거와 같은 고수익이 불가능해질 가능성이 커졌다. 이제 TSMC노 다방면의 혁신을 통해 가격 경쟁력을 갖지 않으면 안 되는 상황이 된 것이다.

이에 반해 그동안 삼성 파운드리는 고객에 제공하는 서비스 가격이 TSMC보다 크게 낮은 편이었을 뿐만 아니라 이익률도 10%대로 그리 높은 편이 아니었다. 삼성 파운드리는 TSMC보다 상당히 늦게 파운드리 사업을 시작한 후발주자였기 때문에 고객을 확보하기 위해 이익을 적게 취하면서 가격적인 메리트를 가져갈 수밖에 없었다. 하지만 삼성 파운드리가 TSMC와 비슷한 수준으로 성장하는 시기가 되면 TSMC에 근접한 가격으로 서비스를 제공할 가능성이 높고 이익률도 최소 30% 이상으로 올라갈 가능성이 크다.

그럼에도 불구하고 앞으로 삼성 파운드리도 가격적인 메리트를 유지하려면 다방면에서 혁신이 필요하다. 기본적으로 삼성 파운드리가 TSMC보다 낮은 가격으로 비슷한 수준의 서비스를 제공할 수 있으려면 TSMC보다 다방면에서 기술력도 뛰어나야 한다. 그래야 고객들의 선택을 받을 가능성이 높아진다.

결과적으로 파운드리 시장에서도 다른 경쟁 기업과 비교해 낮은 가격으로 고객에 서비스를 제공하는 건 매우 중요한 일이다. 물론 독점하는 시장에서는 매우 높은 가격으로 서비스를 제공하는 게 당연할 수 있겠지만 첨단공정 파운드리 시장도 경쟁이 더욱 치열해지고 있는 상황이다. 어느 파운드리 기업이든 경쟁 기업들이 있는 상황에서 너무 높은 가격으로 서비스를 제공하면 고객은 다른 파운드리 기업으로 이동할 가능성이 크다. 따라서 첨단공정의 파운드리 기업들도 고객에 경쟁력 있는 가격을 제공할 수 있어야 고객의 선택을 받을 수 있다.

8
Chapter

파운드리 산업의 인재 전쟁

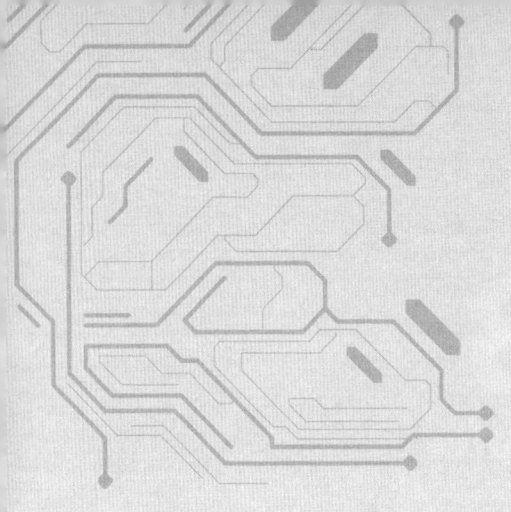

▶ 파운드리 산업에서 인재의 중요성

▶ 파운드리 산업에서의 인력난

▶ 파운드리 인재의 주요 공급원

▶ 각국의 파운드리 인재 유치 전략

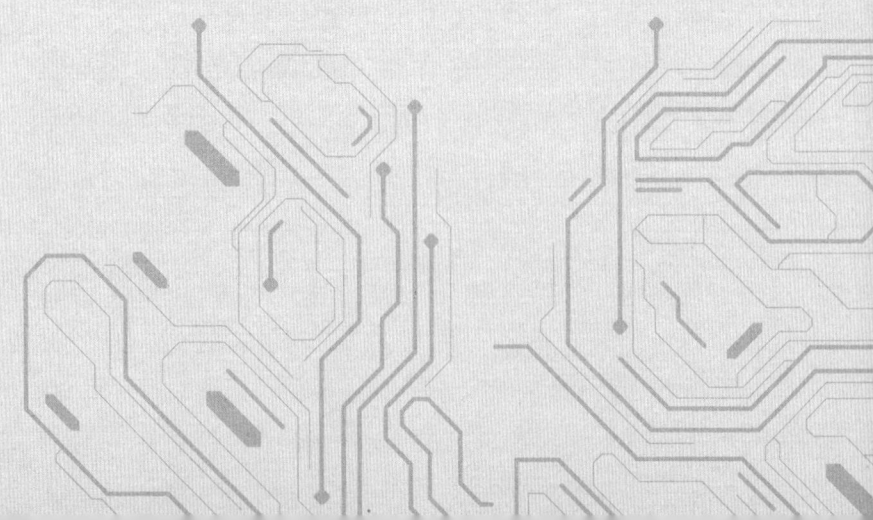

지금 반도체 산업은 인력난이 심각한 수준이다. 이는 한국만의 문제가 아니라 전 세계 선진국가들도 마찬가지다. 그리고 인력은 반도체 산업의 각 분야 모두 부족한 상황으로 앞으로 더욱 심각해질 수도 있다.

반도체 산업은 기본적으로 제조업이다. 그렇다 보니 최근 젊은 층을 위주로 기업문화가 보수적이고 연봉이 다른 IT 기업에 비해 상대적으로 높지 않은 제조업에 대해 기피 현상이 나타나고 있다. 특히 우수한 젊은 인력들은 대부분 자유분방하고 연봉이 높은 빅테크 기업을 선호하다 보니 더욱 인력이 부족해지는 상황이 발생하고 있다. 아울러 한국은 의대 선호 현상까지 겹치면서 주요 반도체 기업에 취업이 보장되고 전액 장학금까지 받을 수 있는 계약학과도 우수학생 모집에 애를 먹고 있다. 이는 반도체 대기업에 취업하더라도 인생 후반인 50대 이후의 삶이 보장되지 않는다는 이유가 크다. 나아가 최근 졸업하는 학생들이 서울을 벗어난 직장에 근무하는 것을 꺼리는 점도 반도체 기업들의 우수인재 유치에 발목을 잡고 있다.

반도체 산업에서 인재의 중요성은 아무리 강조해도 지나치지 않다. 특히 우수한 인재 한 명이 몇만 명을 먹여 살릴 수도 있다. 예를 들면 반도체 공정에서 공정을 효율적으로 개선하면 몇조 원의 비용을 절감하는 일도 가능하기 때문이다.

이런 상황에서 우수한 인력 유치는 제쳐두고라도 반도체 인력 자체가 부족하다는 게 더 큰 문제다. 필자가 반도체 기업에서 근무할 당시인 10여 년 전에도 사람은 많은데 쓸만한 사람이 없다는 게 문제였다. 하지만 지금 반도체 인력난 문제는 더욱 심각하다. 과거 한국을 포함한 어느 나라에서도 반도체 산업의 중요성을 지금처럼 느끼지 않았기 때문에 반도체 인재를 키우는 일에 소홀한 면이 있었다. 하지만 지금은 모든 선진국이 반도체 산업의 중요성을 깨닫고 난 후 자국의 반도체 산업을 육성하고 있다. 그러다 보니 국가마다 해외 인력을 적극적으로 유치하면서, 인력난이 전 세계적으로 더욱 가중되고 있다. 지금 반도체 산업은 4차 산업의 근간이 될 뿐만 아니라 국방에도 큰 역할을 하기 때문에, 모든 선진국가가 자국 반도체 산업의 육성에 사활을 거는 상황이다.

한편 파운드리 사업은 완전 제조업이다. 그렇다 보니 제조업의 특성상 많은 인력이 필요할 수밖에 없다. 물론 앞으로 팹 운영의 완전 자동화로 필요 인력이 줄어들 수 있지만 AI나 로봇이 대체할 수 없는 인력도 있기 마련이다.

이에 따라 한국을 포함한 선진국가들은 반도체 인력 양성에 매진하고 있다. 한국도 반도체 인재를 양성하기 위해 다양한 대책을 마련하고 있다. 문제는 반도체 인재를 양성하는 일에 많은 시간이 필요하다는 점이다. 물론 단순 작업에는 숙련인력이 필요하지 않겠지만 그래도 제대로 공정에 투입되려면 몇 년간의 경력이 필요하다. 하지만 더 큰 문제는 작은 반도체 기업일수록 사람을 구하기 어렵고 어렵게 구한 사람조차도 유지하는 게 어렵다는 점이다. 어렵게 사람을 구하더라도 몇 년의 경력이 쌓이면 조건이 좋은 다른 기업으로 이직해버리기 때문이다.

그나마 한동안 반도체 산업의 불황으로 인력문제가 어느 정도 수면 아래로 가라앉아 있었지만 앞으로 반도체 호황이 오면 서서히 인력난이 심각해질 수 있다. 그리고 인력난은 기업의 측면에서 해결하기 어려운 점이 많기 때문에 국가적인 차원에서 보다 체계적인 인력양성 대책을 마련할 필요가 있다.

파운드리 산업에서
인재의 중요성

앞으로 파운드리 분야는 시장 규모가 지속적으로 커질 것으로 전망된다. 하지만 파운드리 사업의 특성상 필요한 인력을 구하는 건 다른 분야의 반도체 기업들보다 더욱 어렵다. 일단 파운드리 기업의 숫자가 이미 어느 정도 정해져 있고 높은 진입장벽으로 새로운 기업이 진입하기도 어렵기 때문에 인력풀 자체가 많지 않다. 기본적으로 파운드리 기업은 파운드리 기업에서 근무하였던 경력자를 선호한다. 하지만 파운드리 기업 출신의 인력만 고집할 경우 인력을 구하는 게 어렵기 때문에 IDM 기업 출신이든 팹리스 기업 출신이든 조금이라도 관련 있는 인력을 뽑아야 하는 입장이다. 나아가 전반적으로 반도체 산업의 인력 자체도 부족하기 때문에 파운드리 기업은 어떤 분야의 반도체 기업 출신이든 뽑아야 사업을 운영할 수 있는 상황이다.

한편 파운드리 분야는 성장률이 다른 반도체 분야보다 높기 때문에 앞으로 더 많은 인력이 필요할 것으로 보인다. 하지만 반도체 관련 인력 자체가 부족하다 보니 파운드리 기업들의 어려움이 커지고 있다. 그렇다고 해외에서 인력을 데리고 오는 것도 쉽지 않고 신입사원을 뽑는 일도 만만하지 않다. 신입사원은 일을 처음부터 가르쳐야 하기 때문에 파운드리 기업에 도움이 되려면 많은 시간과 돈이 든다.

2023년 TSMC는 인력 부족 문제로 인해 미국 애리조나 팹의 가동을 1년 미루기로 결정하였다. TSMC는 2024년 애리조나 팹을 가동하면서 바로 생산에 들어가려 하였지만 미국에 기술 인력이 부족하여 팹의 가동을 2025년으로 연기한 상태다. 이 문제로 TSMC는 미국의 노조와 갈등을 빚기도 하였다.

국내 반도체 대기업인 삼성전자와 SK하이닉스도 인력난을 겪고 있다. 서로 인력을 빼앗기지 않으려 경쟁적으로 연봉을 인상하고 있으며 우수 인재를 잡기 위해 CEO가 직접 대학을 찾아 나서기도 한다. 그만큼 반도체 기업들이 우수 인재를 유치하는 건 기업의 생사를 가를 정도로 절실한 상황이다. 실제로 모리스 창 같은 특출한 인재가 TSMC를 세우지 않았다면 지금의 대만은 단지 소국에 지나지 않았을 것이다. 따라서 지금 반도체 기업들은 우수 인재의 유치에 사활을 걸 수밖에 없다. 마찬가지로 우리나라에서도 1983년 고 이병철 회장이 70세가 넘은 나이에도 불구하고 메모리반도체 사업을 시작하여 지금 한국은 메모리반도체 강국이 되었다. 고 이병철 회장이 반도체 사업을 시작하지 않았더라면 우리나라도 지금 같은 경제 대국을 이루지 못하였을 가능성이 크다.

앞으로 한국을 진정한 반도체 강국으로 이끌 수 있는 우수한 반도체 인재를 발굴해서 키워야 미래가 있다. 필자는 다양한 반도체 분야 중에서 파운드리 분야가 우리나라의 미래를 책임질 수 있다고 생각한다. 삼성 파운드리를 TSMC와 비슷한 수준의 기업으로 키워낼 수 있다면 우리나라 경제도 크게 도약할 수 있으리라 확신한다. 특히 파운드리 사업은 우리 민족의 특성에도 잘 맞는다. 한국 사람들은 과거부터 부지런하고 성실하였을 뿐만 아니라 손재주가 좋아 무엇이든 잘 만들었다.

파운드리 분야에서 인재의 중요성이 큰 이유는 엔지니어의 능력에 따라 원가절감의 가능성이 다른 반도체 분야보다 크기 때문이다. 반도체 공정은 미세한 칩을 생산할수록 공정이 늘어나고 원가부담이 커진다. 특히 원가에서 중요한 부분을 차지하는 수율이 떨어진다. 하지만 장비와 공정을 잘 관리하고 최적화하면 수율을 올리고 원가를 크게 줄일 수 있다. 특히 우수한 수율은 생산원가를 크게 떨어뜨릴 수 있는 매우 중요한 요소다. 나아가 복잡한 공정을 줄일수록 비용이 크게 절감되고 공정에서 문제가 발생할 때 빠르게 원인이 무엇인지를 파악하고 해결하는 것도 생산원가를 줄일 수 있는 중요한 요소다. 이와 같은 일은 공정 경험과 지식이 부족한 엔지니어라면 해결하기 어렵겠지만 공정에 경험이 많고 지식이 풍부한 인재라면 쉽게 해결할 수 있다. 이처럼 다양한 도전적 과제를 인재가 잘 해결함으로써 파운드리 기업에 엄청난 이익을 가져다줄 수 있는 것이다.

파운드리 기업은 공정관리 엔지니어뿐만 아니라 고객의 칩 설계에 도움을 줄 수 있는 설계 엔지니어, 공정을 개발하는 엔지니어, 패키징 엔지니어, 설비 엔지니어 등 다양한 인재들이 필요하다. 물론 필요한 인력이 대부분 기술과 관련된 인재지만 사업을 관리할 수 있는 인재도 필요하다. 뿐만 아니라 마케팅 및 경영관리를 담당하는 인재들도 필요하다. 이와 같은 다양한 업무를 맡은 인재들이 각자의 위치에서 최선의 노력을 다할 때 파운드리 기업의 성과로 이어질 수 있다.

파운드리 산업에서의 인력난

앞서 설명한 대로 파운드리 기업에는 다른 반도체 기업보다 많은 인력이 필요하다. 그리고 인력 자체가 구하기 어렵다 보니 가장 해결하기 어려운 부분이 인력을 채우는 일이다. 물론 파운드리 기업은 공정을 최대한 자동화하여 사람의 손이 덜 가도록 세팅하고 있다. 하지만 공정을 완전 자동화하더라도 반드시 필요한 인력들은 있기 마련이다. 특히 지금 전 세계적으로 많은 국가가 팹을 경쟁적으로 건설하면서 팹을 운영할 수 있는 인력의 유치에 사활을 걸고 있지만 쉽지 않은 상태다. 일부 국가들은 이민법을 개정하거나 비자 취득 요건을 완화하는 식으로 적극적으로 해외 인재를 유치하고 있다. 뿐만 아니라 국가마다 대학에 반도체 관련 학과를 설치하여 반도체 인재를 양성하려는 움직임도 나타나고 있다. 하지만 파운드리 분야는 필요한 인원이 지속적으로 늘어나고 있기 때문에 공급이 수요를 따라가지 못하는 양상이다. 과거 각 국가에서 반도체 산업의 중요성을 제대로 인식하지 못하고 인력양성에 소홀하였던 게 지금 같은 사태를 불러일으킨 것이다.

하지만 문제는 이런 인재부족 사태가 앞으로도 한동안 이어질 가능성이 크다는 것이다. 반도체 인력의 증가에 한계가 있는 상태에서 필요한 인력은 늘어나다 보니 파운드리 기업들이 서로 더 좋은 조건으로 다른 파운드리 기업의 인재를 빼가는 일도 더욱 빈번해지고 있다.

<표 7> 향후 10년간 각국의 반도체 인력 부족 규모

국가	필요 인력 유형	수요 인원
미국	엔지니어	30만 명
	숙련 기술자	9만 명
한국	반도체 인력	8만 명
일본	숙련 기술자	3만 5,000명
대만	IC 설계 인력	2만 명

자료: 딜로이트, 맥킨지

특히 전 세계적으로 건설 중인 팹들이 급격하게 늘어나면서 파운드리 기업은 더욱 인력난에 허덕이고 있다. 만약 파운드리 기업이 적합한 인재를 구하지 못하면 반도체 분야에 경험이 없는 사람을 채용해 장기간 교육과 훈련을 시켜서 현장에 투입할 수밖에 없다. 그렇게 되면 파운드리 기업들의 비용이 커지게 되고 칩 제조가격은 비싸질 수밖에 없기 때문에 모든 사람들에게 부담이 전가된다.

한국에서도 삼성 파운드리는 인력을 지속적으로 늘려야 하는 상황이다. 지금 삼성 파운드리의 인력은 2만 3,000명 정도로 TSMC가 7만 8,000명 이상인 것과 비교하면 크게 부족한 상황이다. 일단 삼성 파운드리가 TSMC를 따라잡기 위해서는 인원이 TSMC와 대등한 수준으로 늘어나야 한다. 물론 삼성 파운드리도 인원을 지속적으로 늘리고 있지만 시장에 파운드리 인력이 부족하기 때문에 역부족인 상황이다. 국내 파운드리 기업에서 데려올 수 있는 인원은 주로 DB하이텍이나 SK하이닉스 파운드리 인력이다. 하지만 이들 기업도 인력을 빼앗기지 않기 위해 내부 결속을 다지고 있을 뿐만 아니라 이들 기업만으로는 인력을 채우는 데 크게 부족하다. 지금 삼성 파운드리는 용인에 대규모 투자를 예정하고 있으며 팹도 5개 정도 건설할 예정이다. 앞으로 삼성 파운드리의 고민이 깊어질 수밖에 없는 상황이다.

이에 따라 2023년부터 삼성전자는 경력자를 채용할 때 우대조건을 완화하였다. 바로 유관경력 기준을 학사학위 취득 후 4년 이상에서 2년 이상으로 경력 기간을 2년 낮춘 것이다. 그리고 석사와 박사 학위 취득자의 학업 기간을 경력으로 인정하기로 하였다.

TSMC도 마찬가지 상황이다. 미국에서 인력이 부족해 팹의 가동을 1년 연기하였다. 그리고 TSMC는 SMIC와 다른 중국 반도체 기업들에서 자사의 인력을 빼가는 문제로 애를 먹은 적이 여러 번이다. 나아가 인원을 지속적으로 늘려야 하는 상황에서 국내 인력만으로는 부족하기 때문에 대만 정부에서 비자 발급 요건을 완화하여 해외 인력도 적극적으로 끌어들이고 있다.

파운드리 인재의
주요 공급원

파운드리 기업이 인력을 공급받을 수 있는 곳은 매우 한정적이다. 그럼 어떤 루트를 통해 인력을 공급받을 수 있는지 알아보도록 한다.

첫째, 파운드리 기업이 인재를 구할 수 있는 비교적 쉬운 방법은 다른 파운드리 기업의 인재를 스카우트하는 것이다. 이를 위해서는 타 기업보다 보상 플랜(Compensation Plan)이 매력적이어야 한다. 그렇더라도 무작정 보상만으로 데려오기는 한계가 있다. 다른 파운드리 기업에서 더 좋은 조건을 제시할 수도 있기 때문이다. 그리고 다른 파운드리 기업에서 인력을 데리고 온다고 하더라도 부족할 가능성이 크기 때문에 파운드리 기업은 다른 반도체 관련 기업에서도 인재를 영입해야 한다. 아울러 파운드리 기업과 가장 유사한 반도체 기업은 팹을 운영하는 IDM 기업일 것이다. 특히 팹을 운영해본 경험과 노하우가 있는 인재라면 선호될 가능성이 크다. 하지만 반도체 산업은 모두 연관되기 때문에 다른 반도체 기업에서도 필요한 인재라면 적극적으로 영입할 필요가 있다. 파운드리 기업도 제조 이외의 다양한 분야를 다루는 경우가 많다.

둘째, 대학 같은 기관에서 반도체 관련 전공을 이수한 인력을 데리고 오는 것이다. 특히 파운드리 기업에서도 석·박사 인력이라면 특별히 선호하고 있다. 석·박사 인력은 자신의 연구 분야가 확실하게 있기 때문에 파운드리 기업에서 전공 분야가 활용될 가능성이 크다. 하지만 굳이 반도체 전공이 아니더라도 기계공학, 물리학, 컴퓨터공학, 전자공학, 전기공학 같은 분야도 도움이 될 수 있다. 반도체는 기초과학을 포함한 다양한 공학이 섞여 있는 분야이기 때문이다. 하지만 현장에 바로 투입하려면 재교육이나 훈련이 필요할 수 있다. 그렇더라도 단기간에 끝낼 수 있다면 나쁘지 않은 선택이다.

셋째, 각종 교육훈련 기관에서 교육받은 인력들을 채용하는 것이다. 최근 반도체 관련 교육기관이 많이 생기고 있다. 이들 기관은 보통 대학을 졸업한 인력을 대상으로 6개월에서 1년 정도 집중적으로 반도체 전문과정을 가르친다. 특히 반도체 공정 같은 과정을 교육받은 인력이라면 단기간의 교육과 훈련을 거쳐 현장에 투입될 수 있다.

마지막으로 해외 인력을 데려오는 것이다. TSMC, IFS, UMC, 글로벌파운드리스와 SMIC 같은 해외 경쟁 기업의 인력이라면 가장 최선이지만 그 외에도 글로벌 반도체 기업 출신이라면 좋은 선택지가 될 수 있다. 하지만 거주지를 해외로 이전하는 건 개인적으로도 쉽지 않은 일이기 때문에 가능성이 그리 크지는 않다. 그렇다면 해외 팹이 있는 지역에서 현지 경쟁 기업의 인력을 끌어오는 것도 좋은 방안이라 할 수 있다.

앞으로 파운드리 기업은 업무에 대한 적합도가 높은 인재를 얼마나 끌어올 수 있느냐에 따라 성패가 결정될 것으로 보인다. 전 세계적으로도 파운드리 인력은 매우 적은 편이므로 파운드리 기업이 자사에 적합한 인력을 얼마나 영입해올 수 있느냐는 매우 중요한 문제다. 특히 파운드리 기업은 우수한 인재를 끌어들일 수 있는 그 회사만의 매력이 필요하다. 물론 매력에서 보상 플랜이 가장 중요할지도 모르지만 그 외 직업을 선택하는 기준은 개인마다 다양하기 때문에 취업을 원하는 대상자별로 맞춤 플랜을 제공하는 것을 고려해볼 만하다.

각국의 파운드리 인재 유치 전략

현재, 국가마다 반도체 인력을 유치하기 위해 다양한 정책을 펼치고 있다. 특히 미국, 일본, 유럽, 중국, 대만 등의 반도체 산업이 발달한 나라에서는 적극적으로 해외 반도체 우수 인재를 유치하기 위해 각종 규제를 완화하고 있다. 전 세계적으로 반도체 인재가 크게 부족하다 보니 해외에서 인재를 끌어오는 방안이 가장 현실적이기 때문이다. 물론 국가마다 자체적으로 대학과 각종 교육기관 등을 통해 반도체 인재를 양성하고 있지만 그것만으로는 턱없이 부족한 상황이다. 그렇다 보니 해외 인력을 끌어들일 수밖에 없는 것이다. 그리고 다른 반도체 분야보다 파운드리 분야가 인력이 가장 부족한 상황이다. 전 세계에서 팹을 경쟁적으로 건설하고 있기 때문이다. 그럼 국가마다 해외 인력을 끌어들이기 위해 어떤 활동을 하는지 알아보도록 한다.

1. 한국

한국도 반도체 인력이 많이 부족해 애를 먹는 국가 중 하나다. 최근 한국은 저출산 고령화로 인해 생산가능 인력이 점차적으로 감소하고 있어 국내 인력만으로는 부족한 반도체 인력을 채우기 쉽지 않다. 따라서 다른 국가들과 마찬가지로 해외에서 반도체 인력을 유치해야 하는 상황임에도 불구하고 정부는 아직 적극적으로 나서지 않고 있다. 그리고 한국은 매우 보수적인 정책으로 인해, 해외 반도체 인재를 끌어오는 것보다 국내 반도체 인재를 해외에 빼앗기는 경우가 더 많다. 최근 10년간(2012~2021년) 한국을 떠나간 이공계 인력은 34만 명에 달한다는 조사결과도 있다.[10]

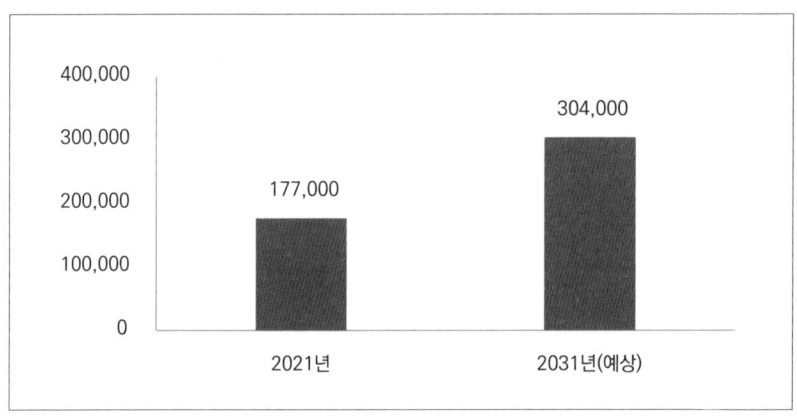

〈그림 14〉 국내 반도체 필요 인력의 규모 현황(단위: 명)

자료: 한국반도체산업협회(2023년)

일단 해외 반도체 인력을 유치하기 위해서는 기존 규제를 완화할 필요가 있다. 해외 반도체 인재가 국내에 있는 반도체 기업에 취업하면서 영주권을 취득하려고 해도 일정 연봉 이상을 받아야 하고 합격기준이 까다로운 시험에 합격해야 한다. 그러다 보니 한국 반도체 기업에서 오래 근무할 수 있는 여건이 되지 않는 경우가 많다. 특히 한국은 노동시장의 대외 개방성이 OECD(Organization for Economic Co-operation and Development) 중 최저로 낮은 수준이며, 보수적이고 수직적인 기업문화 때문에 외국인들이 근무하기 쉽지 않다.

---

10 김영주, "연도별 이공계 학생 유출입 현황", 과학기술정보통신부, 2022.10.24.

물론 일반 공장 등과 같은 곳에서 일하는 저숙련 외국인 노동자 수는 적지 않지만 반도체 분야와 같은 고임금 직장에서 일하는 고급인력은 매우 적은 편이다. 이제 한국도 보다 많은 해외 반도체 인재를 끌어들이기 위해 다른 선진국가와 같이 규제 완화뿐만 아니라 해외 인재가 한국 생활에 잘 적응하고 정착할 수 있도록 충분히 지원할 필요가 있다. 그나마 최근 전 세계적으로 한류 열풍이 불고 있어 많은 젊은 인재가 한국에 거주하기를 원한다. 이런 기회를 살려 보다 적극적으로 반도체 인재를 끌어들이는 유인정책이 필요하다.

이와 같은 상황에서 국내 반도체 기업에서도 조금씩 변화가 감지된다. 2023년 삼성전자는 뛰어난 R&D 역량을 가진 외국인 인재 유치를 위해 최초로 R&D 분야의 외국인 경력자 채용을 새롭게 실시하였다. 국내 거주 중인 석·박사 졸업생을 대상으로 한 외국인 전형이며 선발된 인력은 삼성전자의 국내 사업장에서 국내 임직원들과 동등한 조건으로 근무하게 된다. 삼성전자는 인재에 의해 성장한 기업이다. 우수한 인재라면 CEO보다 많은 연봉을 주는 등 적극적으로 해외 인재를 끌어들이고 있다.

2. 미국

미국은 제조업 리쇼어링 정책으로 인해 파운드리 인력이 크게 부족한 상태다. 파운드리 분야를 포함한 대부분의 제조업이 임금문제로 해외로 밀려난 지 오래이기 때문이다. 그리고 세계 최고 수준의 반도체 설계 엔지니어와 소프트웨어 엔지니어는 미국에 남아 있지만, 웨이퍼를 전자회로로 가공할 엔지니어들은 대부분 사라졌다.

나아가 미국은 저출산 고령화뿐만 아니라 공학 분야의 젊은 인재가 줄어들고 있어 반도체 인력 부족이 가장 심각한 나라다.

현재 미국 대학에서 배출하는 공학 석사·박사의 각각 50%, 60%가 외국인이다. 석사 학위자는 80%, 박사 학위자는 25%가 미국에 머물지 않고 고국이나 다른 나라로 떠나고 있다.[11] 하지만 앞으로 10년간 40만 명 가까운 반도체 인력이 필요한 상황이다.

이에 따라 지금 미국은 전 세계 어느 국가보다 가장 적극적으로 해외 반도체 인재를 유치하려 노력하고 있다. 미국은 가장 선진국이기 때문에 고임금이고 인종도 다양한 국가다. 그렇다 보니 미국은 해외 인재들의 선호도가 매우 높다. 그럼에도 불구하고 미국으로 이전하는 건 많은 것을 고려해야 하기에 쉽게 결정할 수 있는 일은 아니다.

앞으로 몇 년 내 미국에서 필요한 반도체 인력은 10만 명 가까이 될 것으로 보고 있으며 필요한 인력의 대부분이 파운드리 분야다.

이런 상황에서 미국 정부는 이민법을 바꾸고 비자 발급 요건을 완화하면서 해외 반도체 인력을 유치하려 노력하고 있다. 하지만 과거 많은 수를 차지하였던 중국 출신의 반도체 인력의 활용이 자국의 기술 유출을 방지하려는 목적으로 금지되면서 인재난이 더욱 가속화되고 있다.

그럼에도 불구하고 미국은 이미 대형 파운드리 기업들을 유치하였다. TSMC는 애리조나에 새로운 팹을 건설하고 있으며 삼성 파운드리는 텍사스에 팹을 건설하고 있다. 양 사는 이들 팹에 필요한 인원을 선발하고 있지만 쉽지 않은 상황이다. 나아가 TSMC가 대만에서 인력을 데려와 팹을 운영하려던 계획이 미국 노조의 반대로 갈등을 일으킨 적도 있다.

이로 인해 TSMC는 애리조나 팹의 가동을 1년 연기하였다. 현재로서는 미국 내 인력이 크게 부족하기 때문에 어쩔 수 없이 해외에서 데려올 수밖에 없

---

11 박종화, '일할 사람이 없어요' 美 반도체 업계, 구인난에 아우성, 이데일리, 2023년 7월 26일 (https://marketin.edaily.co.kr/News/ReadE?newsId=03125846635678456)

는 상황이다. 아마도 적지 않은 수의 인력을 대만과 한국에서 데려올 것으로 보인다. 미국은 TSMC와 삼성 파운드리에 자금지원을 통해 팹을 유치함으로써 인력도 자연스럽게 끌어들일 수 있게 된 것이다.

　미국 반도체산업협회(SIA)의 조사에 의하면 2022년 정부의 반도체 지원법이 공표된 후 지금까지 50여 개의 글로벌 반도체 기업이 4만 4,000명에 이르는 새로운 채용 플랜을 세우고 있다. 특히 지금 미국 각지에 팹이 건설되고 있기 때문에 조만간 필요 인력은 크게 늘어날 것으로 보고 있다. 이에 따라 미국은 이민법까지 바꾸면서 국적에 상관없이 고학력 반도체 인재를 적극적으로 끌어들이고 있다.

　이런 상황이다 보니 대학 같은 기관에서 인력을 양성해야 하지만 부족한 인력을 채우기에는 역부족이다. 특히 젊은 인재들은 제조업을 그다지 선호하지 않고 반도체 기업보다 빅테크 기업을 선호하고 있다. 나아가 반도체 학과를 운영하는 대학도 여전히 많지 않은 실정이며 이마저도 활용을 하려면 졸업 때까지 시간이 필요하다.

3. 대만

　대만 정부는 이미 '국가반도체발전전략'을 수립하였다. 이에 따라 대만은 2023년부터 '대만형 칩스법'을 시행하고 다양한 반도체 관련 지원정책을 실행하고 있다. 이 칩스법 안에는 인재 양성뿐만 아니라 인재 확보에 대한 내용도 포함된다.

　나아가 최근 대만은 대학에서 자체적으로 반도체 인재를 양성하기 시작하였다. 2022년부터 본격적으로 시작한 대만의 '반도체 대학원'은 양명교통대학(陽明交通大學), 성공대학(成功大學), 청화대학(清華大學), 대만대학(台灣大學), 중

산대학(中山大學) 등이 있다. 열거한 바와 같이 주로 이공계 명문대에 설치되어 있으며 학교별로 연간 100명 이상을 모집하고 있다. 이들 석·박사 인재들은 주요 대만 반도체 기업에 취업하면서 다른 제조기업보다 3배나 많은 연봉을 받는다. 나아가 최근에는 부족한 반도체 인력을 더 채우기 위해 고등학교에 반도체 교육과정을 도입하자는 움직임이 나타나고 있다. 그럼에도 불구하고 TSMC를 포함한 UMC, VIS, PSMC 등과 같은 파운드리 기업이 번창하기 시작하면서 수요인력은 급격하게 증가추세지만 공급인력이 모자라는 상황이다. 특히 대만도 생산가능 인구가 2016년부터 줄어들기 시작하면서, 인력 부족 문제가 더욱 심각해질 것으로 보인다.

뿐만 아니라 최근까지도 SMIC 같은 중국 반도체 기업들이 TSMC를 포함한 파운드리 기업들의 인력들을 계속해서 빼앗아가면서 인력난이 더욱 심해지고 있다. 몇 년 전 TSMC는 중국으로 이탈하는 직원을 막기 위해 모든 직원의 연봉을 크게 올린 적도 있지만 역부족이었다. 이에 따라 대만 정부는 반도체 인력이 정부의 심사 없이 중국 반도체 기업에 취업하면 최대 4억 원의 벌금을 부과하기로 하였다.

한편 TSMC는 해외 반도체 인재를 유치하기 위해 국적과 학력 기준을 모두 폐지하기로 결정하였다. TSMC도 인력이 부족하여 해외 반도체 인력을 적극적으로 유치할 수밖에 없는 상황이 되었기 때문이다. 특히 대만 정부는 연봉 300만 달러 이상인 외국인에게 소득세를 5년 동안 50% 절감해주고 있을 뿐만 아니라 비자를 포함한 거주 관련 규정도 완화해주고 있다. 그리고 2023년 4월부터 반도체 기업이 고용하는 4년제 대학을 졸업한 외국인에 대해 '최소 경력 2년' 요건도 면제해주고 있다. 경력이 없는 외국인 대졸자도 기업에서 자유롭게 고용할 수 있도록 허용한 것이다.

조만간 파운드리 시장이 회복되기 시작하면 대만 파운드리 기업들의 성장세가 두드러지게 나타날 것으로 보이기 때문에 파운드리 인력 부족은 더욱 심각해질 것으로 예상된다. 특히 대만은 파운드리 시장점유율이 70%가 넘기에 파운드리 인력이 가장 많이 필요한 국가다. 따라서 앞으로 대만이 인력 부족의 문제를 어떻게 해결할 수 있느냐가 가장 중요한 과제가 될 것으로 보인다.

4. 일본

한때 일본은 전 세계 반도체 산업에서 최강의 위치에 올라간 적도 있을 정도로 반도체 강국이었다. 지금은 반도체 산업의 기술 수준이 전반적으로 한국보다 크게 떨어지고 있지만, 아직도 소부장 기업들은 전 세계 최강일 정도로 상당히 앞서나가고 있다.

지금 일본의 반도체 인력도 과거와 달리 크게 부족한 실정이다. 특히 일본의 반도체 공정은 40nm 이상의 공정이 주류이기 때문에 반도체 인력들의 기술 수준도 한국과 비교해 크게 떨어진다. 이에 따라 일본 정부는 반도체 산업의 재건을 위해 TSMC를 끌어들였을 뿐만 아니라, 라피더스라는 파운드리 기업을 2022년 출범시켰다.

한편 일본은 이미 1980년대 후반부터 반도체 산업이 대만과 한국에 밀리기 시작한 후 반도체 생태계가 붕괴되면서 반도체 인력도 급감하였다. 특히 일본은 그동안 학생들의 이공계 기피 현상이 두드러지면서 반도체 인력도 제대로 양성하기 어려운 분위기였다. 나아가 지금 일본은 대부분 기업이 일할 사람을 구하지 못해서 난리고 반도체 분야는 더욱 심각하다. 따라서 최근 일본 반도체 기업들은 그동안 소외되었던 여성 인력을 끌어들이는 일에 적극적으로 나서고 있다.

일본 반도체 기업들도 인재를 유치하기 위해 스톡그랜트(Stock Grant) 제도를 속속 도입하고 있다. 르네사스(Renesas)라는 기업은 일본 내 직원들에게 수천만 원 상당의 자사주를 지급하여 인재들을 잡아두고 있다. 르네사스는 미국 거점에도 시범적으로 지급하고 다른 해외 거점으로 확대를 고려하고 있다. 특히 그동안 일본은 금리의 상승 폭이 그리 높지 않았기 때문에 월급도 오르지 않아 해외 우수인력 유치에 어려움이 있는 상황이다. 이런 문제를 해결하기 위해 다양한 제도가 마련되고 있다.

이에 따라 일본은 영국과 중국의 3종류 대학 랭킹(Quacquarelli Symonds-QS, The Times Higher Education-THE, Academic Ranking of World Universities-ARWU)에서 2개 이상 100위 내 해외 대학 졸업생을 대상으로 우대 정책을 실시하고 일본에서 길게는 2년까지 취직 활동과 창업 준비를 할 수 있게 하였다. 그리고 연봉 2,000만 엔을 초과하는 기술 전문인력이 일본에서 1년 체류하면 영주권도 신청할 수 있다.

뿐만 아니라 일본은 연구직·기술직·경영직에 근무하는 고학력·고숙련 외국인을 대상으로 '고도 전문직 비자'를 주고 있다. 정보기술(IT) 종사자, 글로벌 상위권 대학 출신 또는 석·박사 학위를 취득한 외국인들에게 가산점을 주면서 비자 취득을 독려하고 있다. 120점 만점에 70점을 넘어야 통과하고, 80점을 넘으면 1년만 거주해도 영주권 신청 자격이 주어진다. 2023년까지 3만 8,000여 명이 이 비자를 통해 일본에서 취업한 것으로 집계되었다.[12]

이와 같이 일본은 매우 부족한 인력을 보충하기 위해 해외 인력 유치에 사활을 걸고 있지만 반도체 인력은 쉽게 채워지기 어려울 것으로 보인다.

---

12 김혜나, [기획] 외국인 근로자 100만 명 시대…'고급인력'수혈도 시급, 매일일보, 2024년 1월 15일(https://www.m-i.kr/news/articleView.html?idxno=1084442)

5. 중국

중국도 반도체 인력의 부족난이 심각한 상황이다. 2021년 발표된 정부의 싱크탱크(Think Tank)인 중국정보산업발전센터의 자료에 따르면, 반도체 인력은 약 20만 명이 부족하다. 중국 자체적으로 인력을 양성하기에는 턱없이 모자란 상황이다.

그동안 중국은 반도체 굴기라는 명목으로 해외 반도체 기업들을 인수하려 하였으나 미국의 제지로 어렵게 되었다. 이에 따라 대만과 한국 반도체 인력을 끌어들여 반도체 산업을 육성하기 위해 엄청난 자금을 투자하였다. 결과적으로 중국은 나름대로 어느 정도의 성과를 거두면서 중국 반도체 산업도 급성장할 수 있었다.

나아가 중국은 2008년부터 2018년까지 천인계획(千人計劃, 1,000명의 첨단 인재를 확보한다는 계획)을 운영하면서 기업, 학계, 싱크탱크 등을 대상으로 우수한 인재뿐만 아니라 기술까지 확보할 수 있었다. 이에 따라 최근 치밍(Qiming)이라는 프로그램을 다시 운영하는 것으로 알려져 있다. 이 프로그램은 미국의 반도체 규제에 맞서 자립을 위해 시진핑(習近平) 주석이 강력하게 추진하고 있는 것으로, 미국에서 공부한 우수한 인재를 대상으로 한다. 이 프로그램을 통해 선발된 해외 인재는 주택 구입 보조금을 포함한 300만~500만 위안(5억 5천만~9억 원)의 계약 보너스를 받을 수 있어서, 많은 해외 인재가 지원한 것으로 알려져 있다. 미국은 이를 견제하려 자국 인재가 중국에 중요한 정보를 제공하거나, 연구비를 지원받은 사실을 정부에 알리지 않으면 처벌할 수 있도록 규정하고 있다. 하지만 지금 중국은 어떤 식으로든 자력으로 반도체 산업을 키워야 하는 상황이기 때문에 미국에 드러나지 않게 비밀리에 프로그램을 운영하고 있다.

중국은 이미 미국의 제재로 인해 첨단 반도체 장비를 비롯한 일반 반도체 장비까지도 수입할 수 없는 입장이다. 따라서 자국 반도체 기술 수준을 빠르게 올릴 수 있는 방법으로 해외 인재 유치에 적극적으로 나서는 상황이다. 우수한 인재를 자국으로 유치하는 게 기술을 확보하는 것만큼 중요한 일이기 때문이다. 이를 위해 중국 정부는 돈은 얼마든지 투자할 수 있다는 입장이다. 해외 인재로서는 혹하지 않을 수 없는 조건이다.

뿐만 아니라 최근 발표된 신문기사를 보면 중국에서 한국 반도체 인력을 빼내는 방식이 컨설팅 기업과 헤드헌팅 기업을 통해 교묘한 수법으로 진행되는 것을 알 수 있다. 최근 중국에서 삼성전자 출신 110명과 SK하이닉스 출신 90명 등 모두 200명을 빼낸 것으로 드러나고 있다. 중국으로 이직을 제안받은 대상자들에게는 연봉 최대 6배 인상뿐만 아니라 자녀 학비 지원 등의 파격적인 혜택이 제공되는 것으로 알려져 있다.

앞으로도 중국은 해외 반도체 인재를 파격적인 조건을 무기로 유치하여 부족한 반도체 기술을 끌어올리려 노력할 것으로 보인다.

6. EU

주요 국가들이 반도체 산업을 적극적으로 육성하는 것과 마찬가지로 EU도 반도체 산업을 육성하려 많은 노력을 기울이고 있다. 그리고 EU는 반도체 산업을 육성하려면 반도체 인력이 많이 필요한 상태지만 반도체 인력이 크게 모자라는 실정이다. 지금 EU 내 국가들은 총 430억 유로를 투자하는 반도체 법에 이미 합의한 상태다. 이를 바탕으로 EU 내에서 기존 9% 정도의 반도체 생산 캐파를 20%로 올리려는 계획을 가지고 있다. 따라서 EU도 어떻게 해서든 반도체 인재를 끌어들이기 위해 각국은 반도체 인재들에게 다양한 혜택을 제공하고 있다. 참고로 EU는 첨단공정에서 이미 대만과 한국에 밀려 있는 상황이다.

그럼에도 불구하고 EU는 차량용 반도체 기업들과 ASML 같은 독보적인 장비 기업을 가지고 있다. 특히 독일 정부는 EU 내에서 가장 적극적으로 반도체 산업을 육성하기 위해 노력 중이다. 그리고 독일은 보쉬, 인피니언, NXP와 합작해 이미 TSMC의 팹을 유치하는 데 성공하였다. 뿐만 아니라 IFS도 독일에 2개의 파운드리 팹을 건설할 예정이다. 이들 팹에서는 주로 차량용 반도체를 생산할 것으로 보인다. 따라서 독일은 이들 기업이 필요한 인재를 대학 등을 통해 양성할 것으로 보고 있다. 하지만 문제는 자국 내 인재만으로는 턱없이 부족한 상황이라는 점이다. 지금 독일 정부는 EU 내 최대 규모의 반도체 생산 기지를 건설하겠다는 목표를 가지고 있다. 하지만 반도체 인력난을 어떻게 해결하느냐가 문제다. 독일은 베이비붐(Baby Boom) 세대의 은퇴를 시작으로 인력 부족 문제에 부딪히면서 해외 인재 유치를 위해 이민법까지 바꾸고 있다. TSMC와 IFS 등 글로벌 파운드리 기업에 막대한 지원금을 쏟아가며 투자를 유치하고, 적극적인 이민정책과 산학연계를 통해 해외 IT 전문 유학생들을 대규모로 유치해 팹 운영을 위한 인력을 확보한다는 계획이다.[13]

차량용 반도체 기업인 ST마이크로는 파운드리 기업인 글로벌파운드리스와 같이 프랑스에 팹 건설을 위해 75억 유로를 투자할 예정이다. 프랑스 정부는 투자하는 금액의 40%인 29억 유로(약 4조 원)를 지원하기로 결정하였다. 이는 프랑스가 2017년 이후 개별 기업에 지원하는 액수로는 최고 금액이다. 프랑스의 마크롱(Emmanuel Macron) 대통령은 앞으로 팹 운영 인력이 많이 필요할 것이라는 예상하에, 임기 초부터 해외 우수인력의 유치 정책을 쓰고 있다.

뿐만 아니라 세계 최고 IP 기업인 ARM을 보유한 영국도 자국의 반도체 산

---

13 정현진, "반도체 인력 구하기 어렵네"… 이민법까지 손대는 독일, 아시아경제, 2023년 7월 3일 (https://v.daum.net/v/20230703095735532)

업을 지원하기로 하고 10년간 최대 10억 파운드(약 1조 6,100억 원)를 투자하기로 결정하였다. 지원금의 일부는 해외 반도체 전문인력의 유치에 사용할 예정이다. 특히 2022년부터 세계 50위권 대학 졸업생을 대상으로 2~3년간 영국에서 구직 활동을 할 수 있도록 고도인재비자(HPI) 제도를 실시하였다.

결론적으로 EU의 반도체 산업 육성 정책의 성공은 우수한 해외 반도체 인력을 얼마나 유치할 수 있느냐에 달려 있다고 해도 과언이 아니다.

9
Chapter

전 세계 파운드리 팹 건설 붐

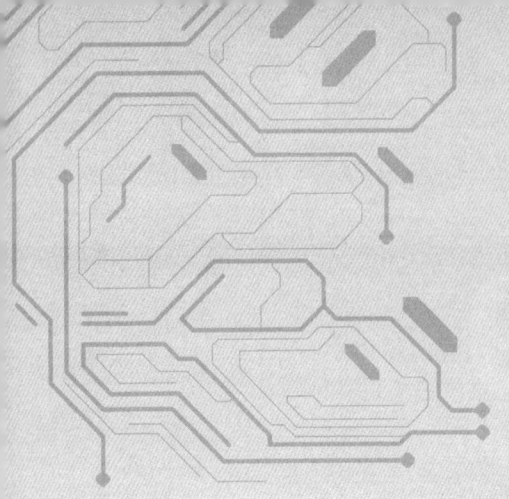

- ▶ 미국
- ▶ 한국
- ▶ 대만
- ▶ 중국
- ▶ 일본
- ▶ EU

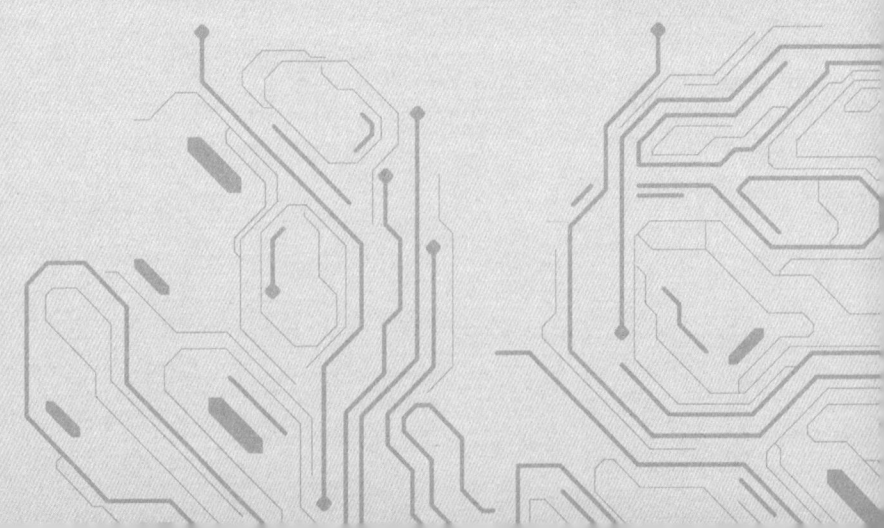

전 세계에서 팹 건설 붐이 일고 있다. 건설 중인 팹은 파운드리 팹이 대부분을 차지하고 있다. 특히 IFS와 라피더스 등이 새롭게 파운드리 시장에 참가하고 팹을 건설하면서, 경쟁도 더욱 치열해지고 있다. 나아가 기존의 주요 파운드리 기업인 삼성 파운드리와 TSMC뿐만 아니라 UMC, 글로벌파운드리스와 SMIC도 팹 건설을 진행 중이다. 파운드리 기업의 생산 캐파 확대는 고객 확보로 이어질 수 있기 때문에 미래 반도체 수요를 미리 대비하는 것이다. 특히 조만간 반도체 불황이 완전히 끝날 것으로 보임에 따라 반도체 시장에 대한 기대감도 점점 높아지고 있다. 이런 상황에서 대부분의 파운드리 기업들이 경쟁적으로 팹을 건설하고 있다. 따라서 파운드리 기업들은 지금 투자하지 않으면 시장에서 뒤처지게 된다는 불안감이 그 어느 때보다 크다.

〈표 8〉 2022~2026년 국가별 신규 팹 현황

순위	국가	300mm	200mm
1	중국	22	4
2	대만	18	1
3	북미	11	5
4	유럽, 중동, 아프리카	11	5
5	일본	7	2
6	동남아시아	3	3
7	한국	4	0

자료: SEMI World Fab Forecast(2023년)

대부분의 선진국이 자국의 반도체 산업을 육성하기 위해 발 벗고 나서고 있다. 반도체 산업에서 앞서나가는 국가가 4차 산업을 이끌 수 있기 때문이다.

특히 미국을 포함한 각 국가는 반도체 공급에 문제가 발생하지 않으려면 반도체 제조업을 키워야 한다고 믿고 있다. 그리고 메모리반도체 시장은 이미 한국과 미국이 선점하는 상황이기 때문에 대부분의 국가들은 메모리반도체 시장보다 2배 이상 큰 시스템반도체 시장을 육성해야 한다. 따라서 각국은 파운드리 산업을 육성하기 위해 적극적으로 팹을 건설하는 것이다. 특히 미국과 중국은 반도체 전쟁에서 이기기 위해 서로 경쟁적으로 팹을 건설하고 있다. 미국에서는 자국의 파운드리 기업인 인텔과 글로벌파운드리스뿐만 아니라 TSMC와 삼성 파운드리도 팹을 건설하고 있다. 중국에서는 자국의 파운드리 기업인 SMIC, 화홍반도체와 넥스칩 등이 팹을 건설하고 있다.

나아가 한국에서는 주로 삼성 파운드리가 팹을 건설하고 있다. 일본에서는 TSMC가 1개의 팹을 얼마 전 건설하였고 2개의 팹을 추가로 건설할 예정이다. 그리고 라피더스와 대만 PSMC도 일본에 팹을 건설 중이다. 뿐만 아니라 대만에서는 TSMC와 PSMC가 팹을 건설 중이고 UMC는 싱가포르에 팹을 건설하고 있다. 이밖에도 독일에서는 TSMC와 IFS가 팹을 건설하고 있다.

한편 최근 각국에서 파운드리 팹을 너무 많이 건설하고 있기 때문에 공급이 수요를 초과할지 모른다는 불안이 커지고 있다. 하지만 수요가 공급보다 더 많이 늘어날 것으로 보고 있다. 그 이유는 다음과 같다.

첫째, 앞으로 4차 산업의 본격적인 성장에 따라 칩 설계가 급격하게 늘어날 것으로 보이기 때문이다. 팹리스 산업의 진입장벽은 낮은 편이기 때문에 앞으로 많은 팹리스 기업이 생겨날 것으로 예상되며 이들 기업은 어쩔 수 없이 파운드리 기업의 고객이 될 것이다. 특히 전기차를 생산하는 대부분의 기업이 자체적으로 칩을 설계하고 있을 뿐만 아니라 빅테크 기업들도 AI 칩을 포함한 다양한 칩을 설계하기 때문에 파운드리 수요는 크게 증가할 것으로 보인다.

둘째, 파운드리 산업의 진입장벽이 매우 높기에 기존 파운드리 기업들이 거의 대부분의 팹리스 기업들의 수요를 충당할 수밖에 없기 때문이다. 잘 알려진 바와 같이 파운드리 분야는 거대한 자금과 높은 제조기술이 필요한 산업이다. 따라서 신규로 진입하기 매우 어려운 산업이다. 따라서 앞으로도 파운드리 분야에 진입할 수 있는 기업은 매우 한정적일 수밖에 없다.

  결과적으로 기존 파운드리 기업들이 팹을 많이 건설하더라도 수요가 더 증가할 것으로 예상되며, 나아가 신규 파운드리 기업의 시장진입이 어렵기 때문에 공급초과에 대한 문제도 없을 것으로 보인다.

미국

미국은 조 바이든(Joe Biden) 정부가 들어서면서 반도체 제조업을 자국 내로 끌어오는 리쇼어링 정책을 본격적으로 시행하였다. 미국이 반도체 제조를 국가의 전략적 우선순위로 끌어올린 것이다. 특히 몇 년 전 차량용 반도체 부족 사태가 이어지면서 자국의 완성차 기업들이 자동차를 생산하는 데 어려움을 겪었던 게 반도체 제조업을 우선순위에 두는 계기가 되었다. 그리고 최근 미국은 반도체 지원법을 시행하면서 자국에 투자하는 반도체 기업들에 엄청난 자금을 지원하였다. 미국의 반도체 제조업이 아시아 지역으로 나간 가장 큰 원인은 바로 인건비 때문이었다. 미국에서 제품을 생산하면 아시아 지역보다 2배 이상 가격이 올라가므로, 미국에 팹을 건설하는 건 쉽지 않은 일이다. 이와 같은 이유 때문에 미국 정부는 해외 반도체 기업들에 자금을 지원하는 방법으로 미국에 투자하도록 만들었다. 실제 이런 지원정책으로 TSMC와 삼성 파운드리를 끌어들일 수 있었다(물론 이들 기업으로서도 미국이 가장 큰 수요 시장이었기 때문에 투자를 어렵지 않게 결정할 수 있었다. 하지만 다른 국가들도 경쟁적으로 해외 반도체 기업들에 자금을 지원하는 상황에서 미국에 팹을 건설하는 게 얼마나 유리할지는 각 기업의 판단에 달렸다.). 나아가 자국 파운드리 기업인 IFS와 글로벌파운드리스도 팹을 건설할 때 정부로부터 많은 지원금을 얻어낼 수 있었다.

하지만 아무리 많은 반도체 제조기업을 끌어오더라도 미국 내 제조와 관련

된 경험이 있는 엔지니어가 턱없이 부족하다는 게 미국의 가장 큰 고민이다. SEMI(Semiconductor Equipment and Materials International)가 조사한 자료에 따르면 2021년 이후 미국에 새로 건설되는 팹만 18곳에 이른다.

앞으로도 미국 정부에서는 국내외 반도체 기업에 보조금을 제공하는 방식으로 지속적으로 미국 내 팹을 늘릴 것으로 보인다. 이렇게 미국 내 팹을 지속적으로 늘림으로써 그동안 아시아 국가들에 빼앗겼던 반도체 제조 분야에 대한 주도권을 다시 가져오려고 노력할 것으로 예상된다.

이런 상황에서 미국은 다른 국가에 반도체 제조업을 빼앗기지 않으려고 많은 노력을 하고 있다. 그리고 '메이드 인 아메리카(Made in America)'라는 원대한 계획으로 미국의 반도체 제조업을 다시 부활시키려는 조 바이든 정부의 구상은 일단 성공적으로 보인다. 하지만 미국은 반도체 법에 들어가 있는 다른 국가의 반도체 기업에 대한 독소조항으로 자국 우선주의 정책을 펼치고 있기 때문에, 해외 반도체 기업들은 피해를 볼 수 있다는 불안감이 큰 상황이다. 뿐만 아니라 다른 국가들도 해외 반도체 제조기업의 팹을 유치하려 경쟁적으로 자금을 지원하기에 미국의 반도체 제조업 부활이 성공을 거둘 수 있을지는 두고 볼 필요가 있다.

한국

최근 한국은 반도체 산업의 중요성을 새롭게 인식하고 윤석열 정부도 많은 지원을 아끼지 않고 있다. 특히 시스템반도체 분야의 열악한 구조를 개선하려면 파운드리 기업을 육성하는 게 무엇보다 중요하다. 따라서 한국도 삼성 파운드리를 중심으로 파운드리 사업을 키우고자 노력을 기울이고 있다. 2023년 삼성전자는 파운드리 사업을 키우기 위해 용인에 300조 원을 투자하기로 결정하였다. 앞으로 용인에는 파운드리 팹이 최대 5개가 들어갈 예정이며 정부에서도 적극적인 지원을 약속하였다. 한국은 삼성 파운드리가 성장해야 팹리스 기업들도 같이 성장할 수 있기 때문에 삼성 파운드리의 역할이 무엇보다 중요하다.

한편 한국은 아직 다른 해외 파운드리 기업의 팹을 유치하지는 못하고 있을 뿐만 아니라 DB하이텍이나 SK키파운드리도 사업적으로 어려운 상황에 있기 때문에 당분간 팹을 건설하기는 쉽지 않은 상태다. 무엇보다 한국은 파운드리 기업이 확보할 수 있는 팹리스 기업의 숫자가 적은 게 가장 큰 문제요인이다.

지금 상황에서 한국은 파운드리 사업을 어쩔 수 없이 삼성 파운드리에만 대부분 의존해야 하는 상황이다. 앞으로 삼성 파운드리는 해외 지역에 팹을 건설하는 것보다 국내 지역에 투자를 집중할 것으로 보인다. 국가마다 자국에 팹을 건설하려 하는 상황에서 국내 지역에 투자하는 게 여러모로 유리할 것으로 보이기 때문이다. 특히 앞으로 평택과 용인이 집중투자 지역이 될 전망이다. 삼성 파운드리는 셸 퍼스트 전략에 따라 매년 1개씩의 첨단공정 팹을 건설할 것으로 보인다.

〈표 9〉 삼성 파운드리의 2023년 생산 캐파(단위: 장)

지역·팹	생산 능력	8인치 환산
기흥 S1	8만 5,000	19만 1,250
미국 오스틴 S2	10만	22만 5,000
화성 S3	2만	4만 5,000
화성 S4	3만	6만 7,500
화성 13라인(D램→이미지센서)	3만 5,000	6만 7,500
평택 S5	3만	7만 8,750
평택 S6	5만	11만 2,500
(8인치) 기흥 6라인	12만 5,000	12만 5,000
(8인치) 기흥 7라인	12만 5,000	12만 5,000
합계		103만 7,500

자료: 회사 공개자료

삼성 파운드리는 2030년까지 TSMC를 따라잡는다는 공격적인 계획을 가지고 있다. 이를 위해서는 팹을 적극적으로 늘려야 하는 상황이다. 매출을 키우기 위해 고객의 칩 수요를 감당할 수 있도록 생산 캐파를 늘려야 하기 때문이다. 삼성 파운드리의 기본적인 전략은 7nm 이하 공정에 집중하는 것이다. 특히 7nm 이하 공정은 시장의 성장률이 높을 뿐만 아니라 칩 가격도 고가이기에 이익률이 크다. 더욱이 경쟁 기업도 아직까지 소수에 불과하여 삼성 파운드리가 가질 수 있는 마켓 사이즈도 크다.

대만

대만은 파운드리 원조 국가다. TSMC가 선구자로서 파운드리 비즈니스 모델을 처음으로 창안한 후 대만의 파운드리 산업은 눈부신 발전을 이어올 수 있었다. 현재 대만은 전 세계 파운드리 시장의 70% 이상 차지하고 있다. 대만에는 TSMC 외에도 UMC, VIS, PSMC 등과 같은 파운드리 기업들이 상위권에 포진하고 있다. 지금도 대만에는 많은 파운드리 팹이 건설되고 있기 때문에 앞으로도 대만이 전 세계 파운드리 산업을 이끌어나갈 것으로 예상된다. 특히 대만 정부는 파운드리 기업들이 사업을 진행하는 데 어려움을 느끼지 않도록 적극적으로 돕고 있다. 과거 TSMC가 물이 부족하여 팹 운영에 어려움을 겪었을 때 정부에서 농업용수를 가져와 TSMC에 지원한 적이 있다. 이는 대만 정부가 반도체 산업을 얼마나 중요하게 여기는지 알려주는 사례다.

현재 대만에는 TSMC의 본사 팹 12 옆에 2nm 팹 건설이 진행되고 있고 2025년 양산 예정이다. 그리고 1nm 팹도 이미 건설할 부지를 결정한 상태다. 또한, 타이난 아래 가오슝(高雄)이라는 지역에도 2024년 양산 일정으로 신규 팹을 건설 중이다. 원래 TSMC는 이곳에 7nm 생산라인을 설치할 예정이었다. 하지만 7nm 수요가 생각보다 많지 않아서 설치를 잠깐 미루고 28nm 라인을 먼저 설치하는 방안을 고려 중이며 12인치 웨이퍼 기준 월 8만 장 규

모의 팹이 만들어질 것으로 예상된다.[14]

〈표 10〉 TSMC의 팹별 세부 사항

지역	팹(인치)	공정	월 캐파(장)	8인치 환산	비고
신주	2(6)	0.45um	9만 5,000	5만 3,438	
신주	3(8)	0.13~0.15um	10만	10만	
신주	5(8)	0.18~0.35um	5만 5,000	5만 5,000	
타이난	6(8)	0.13~0.18um	18만	18만	
신주	8(8)	0.13~0.18um	9만 5,000	9만 5,000	
중국 상하이	10(8)	0.13~0.35um	12만	12만	
싱가포르	SSMC(8)	0.15~0.25um	4만	4만	
미국 캐머스	11·웨이퍼텍(8)	0.15~0.35um	3만 6,000	3만 6,000	
신주	12(12)	7~90나노	22만	49만 5,000	TSMC 본사
타이난	14(12)	90~120나노	28만	63만	
타이중	15(12)	7~40나노	31만	69만 7,500	
난징	16(12)	16~28나노	6만	13만 5,000	
타이난	18(12)	3~5나노	32만	72만	3, 5나노가 핵심
신주	20(12)	2나노	구축 중		2025년 양산 시작
미국 피닉스	21(12)	3~5나노	5만	11만 2,500	2공장 (3나노) 추가 투자
가오슝	22(12)	7나노 이상	8만	18만	7나노 투자
일본 구마모토	23(12)	12~28나노	5만 5,000	12만 3,750	소니, 덴소의 투자

자료: 회사 공개자료

---

14 강해령, 대만 TSMC 팹, 어디까지 가봤니? [강해령의 하이엔드 테크], 서울경제, 2023년 5월 25일(https://www.sedaily.com/NewsView/29N2O10ESF)

TSMC는 대만 이외에도 미국과 일본에 팹을 건설하고 있을 뿐만 아니라 얼마 전 독일에서도 팹을 건설하기 시작하였다. 이 계획대로 진행되면 TSMC는 전 세계 20개에 이르는 팹을 보유할 것으로 보인다. 나아가 TSMC는 미세공정의 진전과 동시에 패키징의 중요성이 커짐에 따라 6번째 패키징 팹을 대만 남부에 건설할 예정이다. 뿐만 아니라 7번째 패키징 팹도 건설하기로 결정하였다.

　한편 대만에는 자국의 파운드리 기업들이 강세를 보이고 있어 다른 국가의 파운드리 기업은 진입하기 어려울 것으로 보인다. 하지만 TSMC를 포함한 대만 파운드리 기업들은 수요가 증가하면 언제든지 새로운 팹을 건설할 수 있는 상황이다. 특히 대만에는 팹리스 기업들도 많기 때문에, 대만 파운드리 기업들은 내수만으로도 어느 정도 수요를 충당할 수 있다.

〈표 11〉 대만의 신규 팹 건설 현황

지역	회사	현황
신주(新竹)	TSMC	신공장 2곳 건설 중(최첨단 3나노) 공장 4곳 착공(최첨단 2나노)
가오슝(高雄)	TSMC	신공장 2곳 시공
신베이(新北)	난야테크놀로지	신공장 시공
먀오리(苗栗)	PSMC	신공장 건설 중
타이난(臺南)	TSMC UMC TSMC	공장 4곳 건설 중(최첨단 3나노) 공장 2곳 생산 능력 확대 공장 4곳 완공(첨단 5나노)

자료: 니혼게이자이신문(2022년)

중국

현재 중국에는 12인치 팹이 40개가 넘게 운영되고 있다. 지금도 중국은 반도체 굴기라는 목표에 따라 팹을 지속적으로 늘리고 있다. 현재 중국 내 21개의 팹을 건설 중이고 2024년 말까지 10개를 추가로 건설할 예정이며, 이들 팹은 대부분이 파운드리 팹이다. 특히 파운드리 기업들은 중국 정부의 보조금과 인센티브로 팹 건설 후 적자가 나더라도 어느 정도 버틸 수 있는 상황이다. 아울러 중국은 미국의 제재에서 벗어나기 위해서라도 필요한 반도체 대부분을 자체적으로 해결하겠다는 전략을 구사하고 있다.

〈그림 15〉 SMIC의 생산 캐파 추이(8인치 웨이퍼 환산 기준, 단위: 장)

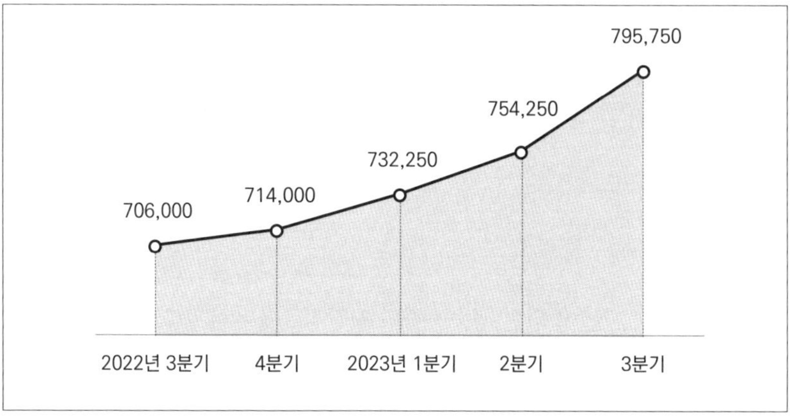

2022년 3분기	4분기	2023년 1분기	2분기	3분기
706,000	714,000	732,250	754,250	795,750

자료: 회사 공개자료

현재 중국에 건설 중인 팹은 주로 성숙공정이 대부분이다. 미국의 첨단 반도체에 대한 제재에 따라 중국이 성숙공정에 집중하고 있기 때문이다. 중국의 핵심 파운드리 기업은 SMIC이며, 지금 중국 내 4개의 팹을 건설하고 있다.

뿐만 아니라 2023년 화홍반도체는 상하이 증시에 상장해서 많은 자금을 확보했으며, 확보한 자금으로 우시에 생산 캐파를 확대하고 있다. 이에 따라 화홍반도체는 67억 달러를 투자해 우시에 팹을 건설하고 있으며 2024년 말 완공할 예정이다. 마찬가지로 2023년 상하이 증시에 상장한 넥스칩은 비교적 최근인 2015년에 설립된 파운드리 기업이다. 넥스칩은 증시 상장으로 많은 자금을 확보하면서 급격하게 성장하는 차량용 디스플레이(Display) 시장에 대응하기 위해 12인치 팹을 건설하고 있다.

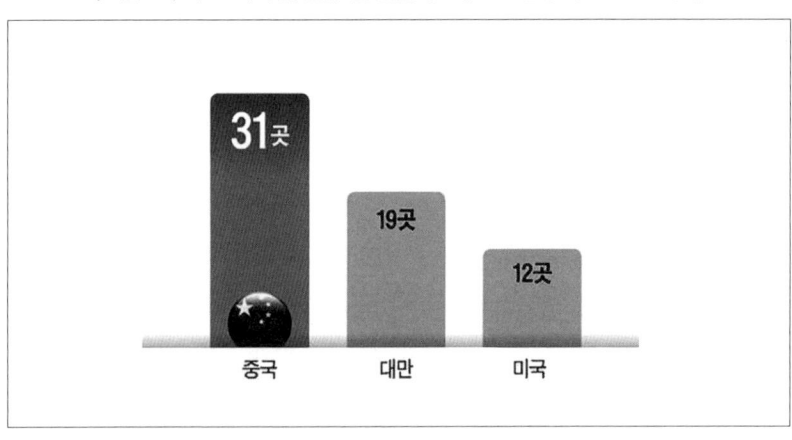

〈그림 16〉 주요 국가별 신규 팹 건설 규모(2021년부터 2024년까지)

자료: SEMI(2023년)

이에 따라 2027년이 되면 성숙공정의 시장점유율에서 중국이 대만을 넘어 1위에 오를 것으로 전망된다. 중국의 전략은 우선 성숙공정의 파운드리 기업들을 키우면서 점차적으로 첨단공정을 진행한다는 계획이다.

실제 20nm 이상의 성숙공정 파운드리 수요는 아직까지 전체 파운드리 수요의 2/3 정도 차지하는 상황이다. 각종 전자제품의 꾸준한 수요와 함께 전기차 등의 신규 수요까지 증가하고 있기 때문이다. 특히 중국에서는 팹리스 기업이 꾸준하게 증가하여 최근 3,500여 개에 이르는 것으로 알려져 있다. 그만큼 중국 내 파운드리 수요가 탄탄하다는 것을 의미한다. 앞의 〈그림 16〉을 보면 2021년부터 2024년까지 주요 국가 중에서 중국의 신규 팹 건설이 31개로 가장 많다는 것을 알 수 있다.

일본

최근까지 일본 메모리반도체 기업들은 한국 메모리반도체 기업들에 밀리면서 일본 내 팹 건설도 지지부진한 상태였다. 하지만 몇 년 전부터 반도체 산업을 부활시켜려는 일본 정부의 계획에 따라 팹 건설이 크게 늘어나기 시작하였다. 특히 TSMC가 2022년 구마모토에 팹을 건설하기 시작하면서 일본 반도체 산업의 활기가 다시 살아나고 있다. TSMC는 일정대로 팹을 2024년 초 완공하였으며, 2024년 말부터 양산을 시작할 예정이다. 이 팹에서는 주로 차량용 반도체를 생산하고, 주로 일본 완성차 기업들에 납품할 예정이다. 칩은 12mn, 16nm, 22nm, 28nm 공정으로 제조한다. 구마모토 팹은 TSMC가 중국을 제외하고 해외에 처음으로 오픈하는 팹이며 TSMC, 소니, 토요타, 덴소의 합작법인인 JASM이 운영의 주체가 될 예정이다.

첫 번째 팹이 성공적으로 완공됨과 동시에 일본 정부의 적극적인 지원으로 TSMC는 지속적으로 일본에 팹 투자를 결정하였다. 그리고 TSMC가 일본에 투자를 결정한 추가적인 이유는 일본의 소부장 생태계가 매우 잘 조성되어 있기 때문이다.

이에 따라 2024년 TSMC는 구마모토에 두 번째 팹을 건설하기 시작하여 2026년 말 7nm 이하 반도체를 생산할 예정이다. 나아가 현재 세 번째 팹도 구마모토에 건설을 검토 중이며 이 팹에서는 3nm 반도체를 생산할 예정이다. TSMC의 투자에 따라 많은 반도체 관련 기업들이 구마모토에 모여들고 있어서, 구마모토는 일본 반도체 산업의 핵심 단지가 되고 있다.

대만 파운드리 기업인 PSMC도 일본 금융지주사인 SBI홀딩스와 합작해 미야기현에 팹을 건설할 계획이다. 팹은 2024년 착공해 2027년부터 가동을 목표로 하며, 28nm 반도체가 생산될 예정이다. 첫 번째 팹에는 약 4,000억 엔(약 3조 6,000억 원)이 투자될 예정이다. 일본 정부가 약 1,400억 엔(약 1조 3,000억 원)을 지원하고 팹은 복수로 계획되고 있으며 총 투자액은 약 8,000억 엔이다.[15]

뿐만 아니라 2022년 사업을 본격적으로 시작한 라피더스도 2nm 반도체를 만들기 위해 팹을 건설하고 있다. 팹이 있는 홋카이도(北海道) 지역에 3,300억 엔을 투자할 예정이며, 2025년 완공을 목표로 하고 있다. 이에 따라 라피더스는 2025년 2nm 칩을 시험적으로 생산할 예정이다. 나아가 2nm 칩의 양산 목표는 2027년이며 1nm 칩은 2030년 정도로 예상된다. 이와 같이 라피더스는 1nm 반도체의 양산도 추진하는 상태이기 때문에 조만간 팹을 추가적으로 건설할 것으로 보고 있다.

---

15 김소연, "대만 3위 파운드리 PSMC, 일 미야기현에 반도체 공장 건설", 한겨레신문, 2023년 10월 30일(https://www.hani.co.kr/arti/international/japan/1114020.html)

EU

그동안 EU도 파운드리 산업에서 크게 뒤처진 국가였다. 현재 EU에는 파운드리 기업이 거의 존재하지 않는다. EU도 미국과 마찬가지로 인건비가 비싼 국가가 대부분이고 반도체 제조 기반이 취약하기 때문이다.

결과적으로 EU도 다른 국가들의 반도체 산업 육성에 자극받아 다소 늦게나마 반도체 지원정책을 발표하였다. EU는 전 세계 반도체 수요의 20%를 차지하는 상황이지만, 반도체 공급망에 대한 점유율은 10%에 불과하다. 따라서 EU는 이런 상황을 개선하기 위해 시장점유율을 2030년까지 20%로 늘리겠다는 계획이다.

그동안 EU의 반도체 제조업은 주로 인피니언, NXP 그리고 ST 마이크로와 같은 몇 개만의 차량용 반도체 기업들이 이끌고 있었다. 따라서 유럽은 취약한 반도체 제조업을 키우기 위해 해외 반도체 제조기업을 끌어들이고 있다. 이에 따라 EU는 TSMC, IFS, 글로벌파운드리스와 같은 파운드리 기업들에 보조금을 지원하여 끌어들이는 데 성공하였다.

최근 EU 지역에 투자를 결정한 파운드리 기업들의 상황은 다음과 같다. 먼저, TSMC는 독일 드레스덴에 팹을 건설하기로 결정하였다. TSMC는 독일 보쉬, 인피니언, 네덜란드의 NXP 등과 공동으로 팹을 건설한다. TSMC가 지분 70%를 가져가고 나머지 기업이 각 10%씩 소유하며, 운영은 전부 TSMC가 맡는다. 팹은 매달 4만 장의 12인치 웨이퍼를 생산하는 규모다. 팹 건설은 2024년 하반기에 시작되고 2027년 말 생산이 목표다. 미국과 중국의 긴장이 고조되는 상황에서 TSMC는 리스크에 대응하기 위해 유럽에 거점을 구축하는 것이다.[16]

다음으로 IFS는 170억 유로(22조 5,000억 원)를 투자하여 독일 마그데부르크에 팹을 건설할 예정이다. 이 팹에서 1.5nm(15A) 공정을 진행할 것이라고 팻 겔싱어가 얼마 전 다보스 포럼에서 CNBC(Consumer News and Business Channel) 방송 인터뷰 중 밝혔다. IFS는 차량용 반도체 시장을 목표로 2027년부터 칩을 양산할 계획을 세우고 있다. IFS는 2022년에도 아일랜드에 300억 유로 규모의 자금을 투자해 인텔 4 칩을 양산하고 있다. 이외에도 IFS는 폴란드 브로츠와프 근처에 반도체 조립 및 테스트 공장을 건설할 예정이다. IFS는 EU 내 여러 곳에 팹 시설을 확보한 후 EU의 고급 전기차 시장을 공략할 것으로 보인다. 나아가 얼마 전 IFS는 이스라엘에 250억 달러(약 32조 3,600억 원)를 투자해 2028년 가동을 목표로 신규 팹을 건설하기로 하였다. 이 팹은 유럽 시장을 공략하기 위한 전략으로 보인다.

마지막으로 ST마이크로와 글로벌파운드리스는 프랑스 서남부 지역에 57억 유로(약 7조 5,500억 원)를 함께 투자하여 팹을 설립할 계획이다. 글로벌파운드리스는 이 팹에서 IoT와 통신용에 쓰이는 웨이퍼를 연간 62만 장까지 생산할 예정이다.

---

16 이해인, TSMC, 유럽에 첫 반도체 공장 짓는다…독일에 5조원 투자, 조선일보, 2023년 8월 8일 (https://www.chosun.com/economy/tech_it/2023/08/08/VTMHC2CNXZDNVM-HI6DYPTV7K7A/)

10
Chapter

파운드리 시장 전망

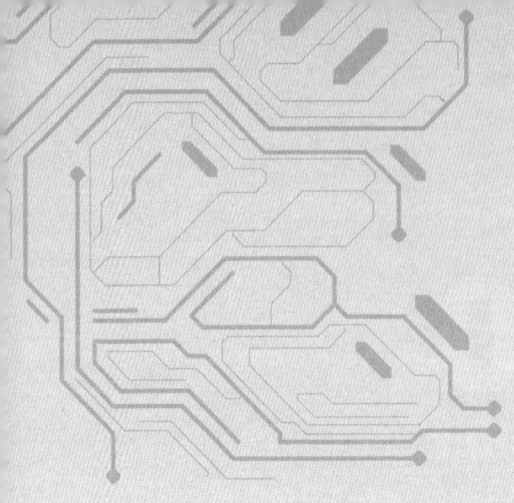

- ▶ 파운드리 시장 현황
- ▶ 8인치 파운드리 시장
- ▶ 성숙공정 파운드리 시장
- ▶ 첨단공정 파운드리 시장
- ▶ 각 파운드리의 주요 제품과 타깃 애플리케이션(Target Application)

파운드리 시장이 불황에서 조금씩 벗어나고 있다. 얼마 전까지 파운드리 시장은 8인치 기업들이 큰 불황을 맞았다. 대부분의 8인치 파운드리 기업의 팹 가동률이 크게 떨어져 2023년에는 기존 생산량 대비 50~60%밖에 되지 않았다. 경기 불황으로 사람들의 일상생활에서 전자제품의 교환주기가 크게 늘어나 아날로그 반도체에 대한 수요가 크게 줄었기 때문이다.

하지만 2024년에 접어들어 메모리반도체 시장을 시작으로 시스템반도체 시장도 조금씩 좋아지면서 8인치 파운드리 기업들의 가동률이 조금씩 오르고 있다. 아마도 2024년 하반기가 되면 과거의 수요를 거의 회복할 것으로 보인다. 마찬가지로 12인치 파운드리 시장의 경우도 아직 불황이지만 12인치 파운드리는 8인치 파운드리보다 나은 상황이다.

이와 같은 상황에도 불구하고 첨단공정 파운드리의 경우 2024년 성장률이 가파르게 높아질 것으로 보고 있다. 앞으로 스마트폰을 포함한 AI, HPC, 자율주행, 5G 등의 애플리케이션이 성장하면서 수요를 끌어올릴 것으로 보이기 때문이다. 그리고 EUV 공정을 사용하는 몇 개의 파운드리 기업들이 첨단공정 시장을 과점하고 있기 때문에 늘어나는 수요를 이들 기업이 나누어 가질 게 분명하다.

이미 많은 시장조사 기관에서 발표한 것처럼 파운드리 시장은 매년 10% 이상 성장할 것으로 보인다. 대만 디지타임즈 리서치(DigiTimes Research)의 조사에 따르면 2023년부터 2028년까지 5년간 파운드리 시장의 매출에 대한 연평균 성장률은 11.3%로 예상된다.[17] 보통 칩의 성장률이 5~6%인 점을 감안

---

17 Eric Chen, Global foundry revenues to see CAGR of 11.3% from 2023-2028, says DIGITIMES Research, DIGITIMES Research, Taipei, Thursday 12 October 2023 (https://www.digitimes.com/news/a20231012VL204/digitimes-research-cagr-foundry.html?mod=3&q=foundry+CAGR+11%2E3)

하면 매우 높은 성장률이다. 그리고 반도체 시장에서 파운드리의 시장 규모는 대략 20% 정도다. 2022년 기준 글로벌 반도체 시장 규모는 약 5,000억 달러였으며, 이 가운데 파운드리의 규모는 약 1,000억 달러였다.[18]

파운드리 산업의 성장률이 일반 반도체 산업의 성장률보다 높은 이유는 다음 3가지를 들 수 있다. 첫째, 파운드리 산업의 높은 진입장벽 때문이다. 파운드리 산업은 이미 팹 투자비용이 10조 원을 훌쩍 넘어서고 있기 때문에 사업의 리스크가 높은 산업이다. 따라서 아무리 자본이 많고 제조 경험이 많은 기업이라 하더라도 성공한다는 보장이 없어 큰 리스크를 감당하기 어려워 들어오기 어려운 상황이다. 특히 앞으로 파운드리 공급 대비 칩 수요가 많기 때문에 늘어나는 수요에 대응하기 위해 기존 파운드리 기업들은 지속적으로 서비스 가격을 올릴 수 있다. 따라서 파운드리 시장 규모는 지속적으로 커질 수밖에 없는 상황이다.

둘째, 칩을 설계하는 팹리스 기업의 지속적인 증가 때문이다. 앞으로도 꾸준하게 새로운 애플리케이션은 늘어날 수밖에 없기 때문에 신규 팹리스 기업도 지속적으로 증가하게 된다. 나아가 완성차 기업뿐만 아니라 빅테크 기업들도 칩을 자체적으로 설계하는 추세로 가고 있기에 파운드리 수요는 더욱 늘어날 수밖에 없다.

마지막으로 IDM 기업의 팹라이트가 가속화될 것으로 보고 있기 때문이다. 많은 아날로그 반도체 IDM 기업은 새로운 팹을 건설하는 리스크가 크기 때문에 늘어나는 물량을 파운드리 기업에 위탁하여 생산하는 경우가 더욱 빈번해질 것이다. 앞으로는 이런 추세가 가속화될 가능성이 크기 때문에 파운드리

18　박정한, 글로벌 파운드리, 향후 5년 '성장 안정적' 전망, 글로벌이코노믹, 2023년 10월 15일 (https://www.g-enews.com/article/Global-Biz/2023/10/202310151041096786379 26aa152_1)

기업들은 수혜를 볼 수밖에 없다.

파운드리 시장 현황

전 세계 파운드리 기업은 팹리스 기업에 비해 상당히 적은 편이다. 이런 상황이다 보니 파운드리 기업은 원래 을의 지위지만 갑의 지위에 있게 되는 경우가 많다. 팹리스 기업은 파운드리 기업이 자사의 칩을 생산해주지 않으면 생존하기 어려운 상황이기 때문이다. 특히 대형 파운드리 기업은 소형 팹리스 기업을 골라가며 선택할 수 있는 입장이다. 굳이 돈이 되지 않는 소형 팹리스 기업까지 신경을 쓸 필요가 없고 그럴 만한 여유도 없다(물론 장기적인 관점에서 돈이 된다면 당연히 서비스할 수 있다.). 파운드리 기업과 팹리스 기업의 지위가 바뀐 것의 가장 큰 원인은 바로 파운드리 기업의 숫자는 적은 데 반해 팹리스 기업의 숫자는 많기 때문이다. 하지만 최근까지 반도체 산업에 불황이 이어졌기 때문에 팹리스 기업의 파워(Power)가 파운드리 기업의 파워보다 강하였다. 이와 같은 상황에서 중국은 2024년 말까지 31개의 성숙공정 팹을 건설할 예정이어서 공급 과잉의 우려가 크다. 이에 따라 UMC, VIS, PSMC 등 대만 파운드리 기업들은 칩 생산가격을 10~20% 인하하는 방식으로 중국 화홍반도체 그리고 한국 SK키파운드리와 가격 전쟁을 하고 있다.[19]

---

19 이나리, 대만 파운드리, 韓·中과 경쟁으로 생산가격 10~20% 인하, 지디넷코리아, 2023년 11월 29일(https://zdnet.co.kr/view/?no=20231128090206)

<그림 17> 세계 파운드리 시장 전망(단위: 억 달러)

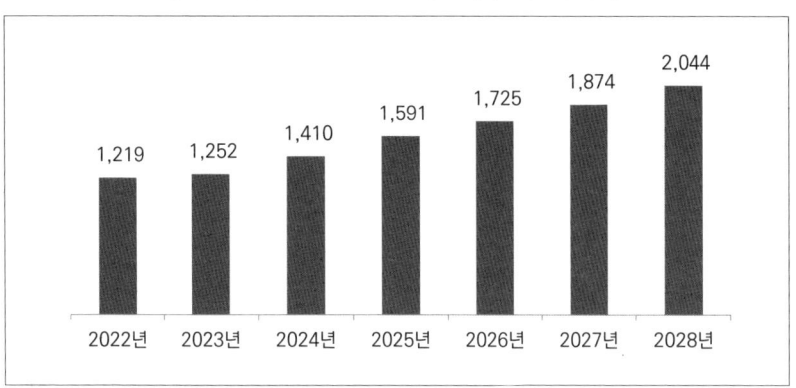

자료: 옴디아(2023년)

하지만 불황이 완전히 끝나고 나면 다시 파운드리 기업의 파워가 강해지게 될 것으로 보고 있다. 시장조사 기관인 옴디아에 따르면, 파운드리 시장은 매년 13% 가까이 성장할 것으로 전망된다.

<그림 18> 5nm 이하 글로벌 파운드리 시장 전망(단위: 억 달러)

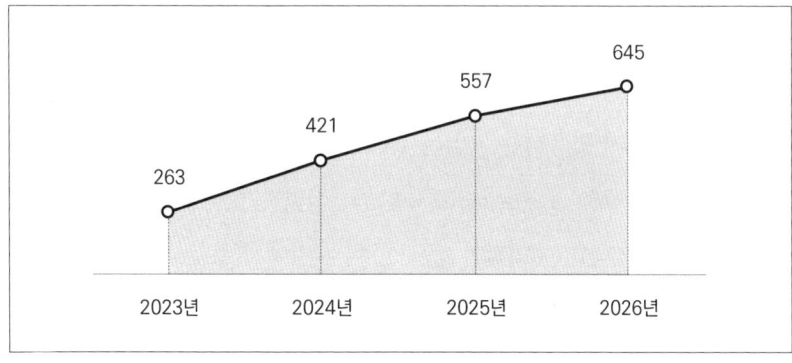

자료: 옴디아(2023년)

나아가 5nm 이하의 파운드리 시장의 성장세는 더욱 가파르게 나타날 것으로 보고 있다. 위의 <그림 18>과 같이 5nm 이하 공정은 2023년 263억 달러에서 2026년 645억 달러로 시장이 커질 것이다. 이에 따라 TSMC, 삼성 파운드리와 IFS가 수혜를 볼 것으로 예상된다.

그럼에도 불구하고 파운드리 기업과 팹리스 기업 간의 관계는 종속 관계가 아니라 상호 파트너 관계다. 다시 말하면 파운드리 기업이 성장하기 위해서는 팹리스 기업의 사업이 잘되어야 한다. 특히 파운드리 사업은 서비스 비즈니스다. 고객인 팹리스 기업의 니즈를 만족시켜야 파운드리 기업도 성장할 수 있는 것이다.

현재 파운드리 시장은 크게 3가지로 분류할 수 있다. 첫째, 8인치 웨이퍼로 아날로그 반도체를 생산하는 파운드리 시장이다. 대표적인 기업을 살펴보면 SK하이닉스 시스템 IC, SK키파운드리, DB하이텍, 타워반도체 등이다. 주로 생산하는 건 MCU, 전력반도체, 이미지센서, DDI 등과 같은 제품들이다.

둘째, 12인치 웨이퍼로 10nm 이상의 칩을 생산하는 파운드리 시장이다. 이 시장에서 활동하는 파운드리 기업은 일반 전자제품 등에 사용되는 범용 반도체를 생산하는 경우가 많고 대부분의 칩이 여기에 해당된다. 대표적인 기업으로서는 글로벌파운드리스, UMC, SMIC, PSMC 등이 있다.

셋째, 12인치 웨이퍼로 7nm 이하의 EUV 공정을 사용하는 파운드리 시장이다. 이 시장에서 활동하는 기업은 TSMC, 삼성 파운드리, IFS와 라피더스 정도다. 2023년 SMIC도 7nm 반도체를 생산하였지만 EUV 공정을 사용하지 않았기 때문에 지극히 예외적인 경우다. 이 시장에서 주로 취급하는 제품은 AP, CPU, GPU, AI 반도체 등이다.

파운드리 시장에서 앞서 나가기 위해서는 다양한 경쟁력을 보유하고 있어야 한다. 그리고 각 파운드리 시장마다 성공을 위한 경쟁력의 요소가 조금 다를 수 있다. 하지만 파운드리 기업이 성공하기 위해서는 기본적으로 생태계를 잘 구축하는 게 무엇보다 중요하다.

8인치 파운드리 시장

8인치 웨이퍼를 사용하는 파운드리 기업은 주로 아날로그 반도체를 생산한다. 아날로그 반도체에서 미세화는 첨단공정에서 진행하는 것만큼 중요한 부분이 아니다. 그리고 아날로그 반도체를 취급하는 기업들은 대부분 팹을 보유하는 경우가 많다. 이와 같은 아날로그 반도체 기업들은 파운드리 기업을 활용하지 않는 게 일반적이지만 최근 칩을 개발하면서 팹을 건설하는 게 갈수록 어려워지고 있다. 이런 이유로 칩은 자체적으로 설계하지만 팹은 건설하지 않고 파운드리 기업에 제조를 맡기는 경우가 늘고 있다. 따라서 아날로그 파운드리 기업의 역할이 생기는 것이다.

〈그림 19〉 8인치 반도체의 생산 캐파와 팹의 수

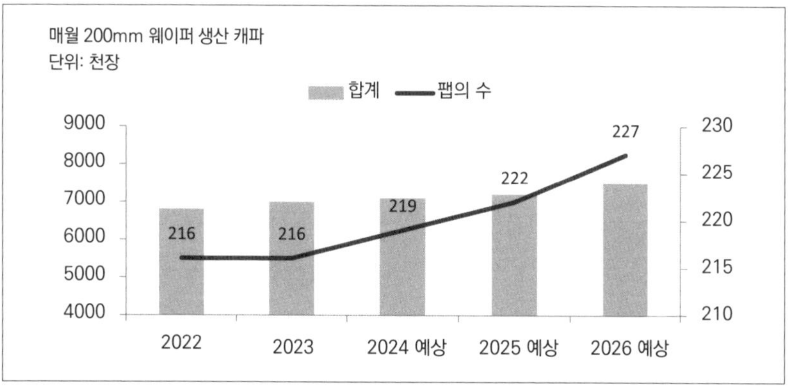
매월 200mm 웨이퍼 생산 캐파
단위: 천장
합계
팹의 수
9000
8000
7000
6000
5000
4000
230
225
220
215
210
216
216
219
222
227
2022
2023
2024 예상
2025 예상
2026 예상

자료: SEMI(2023년)

불과 2023년까지도 8인치 파운드리 시장이 급랭하면서 8인치 파운드리 기업의 팹 가동률이 크게 떨어진 적이 있다. 반도체 재고 증가와 불황의 여파 등으로 IT 제품의 수요가 급격하게 감소하면서 가동률이 크게는 50% 이상 떨어진 파운드리 기업들도 있었다. 이에 따라 SK하이닉스 시스템 IC와 같은 기업은 무급휴가에 들어가기도 하였다. 하지만 지금은 8인치 파운드리 기업의 가동률이 점점 올라가면서 조금씩 불황에서 벗어나는 상황이다.

한편 8인치 파운드리 기업들에는 고민이 있다. 과연 언제 12인치로 넘어가야 할지를 가늠하는 게 어려운 상황이기 때문이다. 그렇다고 8인치로 계속 남아 있으면 12인치 파운드리 기업과 비교해 경쟁력이 떨어질 수밖에 없다. 그리고 생산 캐파를 늘리려고 하면 장비도 구하기 어려운 상황이어서 중고장비를 구입할 수밖에 없다. 또, 8인치 라인을 증설한 상태에서 시장이 12인치로 넘어가게 되면 큰 피해를 볼 수밖에 없다. 물론 8인치에서 12인치로 넘어가는 시점이 언제가 될지 모르지만 전환되는 건 시간문제다.

2023년 파운드리 기업들은 8인치 파운드리 서비스 가격을 10~20% 내렸다. 가격 인하에 다음 3가지가 영향을 미친 것으로 알려져 있다.

첫 번째는 IT 기기의 교환 주기가 길어지면서 수요 부진으로 인한 파운드리의 가동률이 하락한 것이다. IT 기기의 판매량이 줄어들면서 파운드리 가동률도 줄어들어 가격을 내릴 수밖에 없었다.

두 번째는 TI가 제품 가격을 인하한 것이다. TI는 PMIC의 판매 확대를 위해 가격을 낮춰 공급하고 있다. TI는 12인치로 전환하여 8인치 공정 대비 최대 20%의 생산 비용을 절감할 수 있기 때문이다.

세 번째는 8인치 공정이 12인치 공정으로 전환된 것이다. 12인치 파운드리 기업에서는 90/55nm 공정의 가동률을 높이기 위해 8인치 파운드리를 이용하던 팹리스 고객의 유치에 힘쓰고 가격 할인 등의 조건을 내건 것으로 알려

져 있다.[20]

앞으로 8인치 반도체 기업들이 12인치로 서서히 옮겨갈 것으로 보인다. 그렇게 되면 기존 8인치 파운드리 기업들은 피해를 볼 수밖에 없다. 8인치에서 12인치로 전환한 기업들이 가격을 내릴 수밖에 없기 때문이다. 따라서 앞으로 8인치 파운드리 시장에 호황이 언제 다시 올 수 있을지는 불투명한 상황이다. 하지만 SEMI의 조사에 의하면 글로벌 200mm 팹 생산능력이 2023년부터 2026년까지 14% 증가하면서 월간 웨이퍼 770만 장으로 최고 기록을 경신할 것으로 보인다.[21] 가장 큰 시장은 전기차 시장이 될 것으로 보인다. 내연기관차에는 반도체가 300개 정도 필요하지만 전기차에는 1,000개 이상, 3단계 자율주행차에는 3,000개 이상 필요하기 때문이다.

〈표 12〉 전 세계 8인치 파운드리 생산 캐파

연도	월생산량
2020년	565만 장
2024년	660만 장

자료: SEMI(2021년)

물론 다수 파운드리 기업이 8인치에서 12인치로 넘어가더라도 8인치 시장은 계속해서 남을 것으로 보고 있다. 다품종 소량생산 구조에서는 8인치가 유리할 수 있기 때문이다. 그리고 SEMI는 전 세계 8인치 팹이 2022년 216개에서 2026년 227개로 증가할 것으로 보고 있다. 특히 화합물 전력반도체 시장

---

20 노태민, TSMC 이어 국내 8인치 파운드리 업계도 가격 10% 낮췄다, 디일렉, 2023년 8월 14일 (https://www.thelec.kr/news/articleView.html?idxno=22536)
21 SEMI Korea Press Release, "전 세계 200MM 팹 생산능력 2026년 최고 기록 경신할 것", SEMI, 2023년 9월 20일(https://www.semi.org/ko/node/139201)

의 성장으로 8인치 생산 캐파는 늘어날 수밖에 없는 상황이다. 앞으로 전기차에 SiC 전력반도체의 탑재가 크게 증가하여 8인치로 SiC 전력반도체를 생산하는 기업의 생산 캐파도 늘어날 전망이기 때문이다. 나아가 SiC 전력반도체는 아직 기술력이 12인치로 생산하기에 여러모로 부족하기 때문에 12인치가 아닌 8인치 웨이퍼로 생산하는 경우가 많다.

성숙공정 파운드리 시장

성숙공정은 기준에 따라 달라질 수 있지만 여기서는 EUV 공정을 사용하지 않는 10nm 이상(12인치)의 공정으로 정의한다.

대부분의 파운드리 기업들이 12인치 웨이퍼로 다수의 범용 반도체를 생산하고 있기 때문에 성숙공정은 많은 기업이 진출한 시장이다. 그리고 8인치 파운드리 기업도 일부 팹을 12인치로 이전하고 있어 12인치 파운드리 팹은 계속해서 늘어날 전망이다. 특히 10nm 이상의 성숙공정은 대부분의 전자제품에 들어가는 칩을 만드는 데 필요한 공정일 뿐만 아니라 적용되는 애플리케이션도 다양하다. 그리고 실리콘 웨이퍼의 표준이 8인치에서 12인치로 바뀌게 된 건 1990년대 후반의 일이다. 따라서 많은 파운드리 기업이 진입해 있기 때문에 경쟁이 치열한 시장이다. 이 공정은 고가의 EUV 장비를 사용하지 않고 DUV라는 EUV보다 상당히 저렴한 심자외선 장비를 사용한다. EUV 공정을 진행하기에 기술적으로나 비용적으로 부담을 느끼던 파운드리 기업들이 EUV 공정을 포기하고 진입한 시장이기도 하다. 대표적인 기업으로 글로벌파운드리스와 UMC 등이 있다. 이들 기업도 과거 7nm 공정에 진입을 검토한 적이 있었지만 비용적으로나 기술적으로 리스크가 너무 큰 시장이기 때문에 결국 포기하였다. 사실 글로벌파운드리스와 UMC는 경쟁 관계다. 그리고 글로벌파운드리스는 미국의 2위 파운드리 기업이고 UMC는 대만의 2위 파운드리 기업이다. 파운드리 기업 순위도 양 사가 오랜 기간 2위를 서로 번갈아 하고 있다. 이들 기업은 전 세계 파운드리 시장점유율에서 6%대를 기록하고 있으며 성숙공정 시장에서 최강 기업들이다.

물론 TSMC와 삼성 파운드리도 12인치 성숙공정의 시장에서 상당한 매출을 올리고 있다. 특히 TSMC는 첨단공정에서 50% 정도의 매출을 올리고 있지만 성숙공정에서도 50% 가까이 매출을 올리고 있다. 따라서 TSMC는 다양한 고객군을 보유하는 게 특징이지만 삼성 파운드리는 주로 첨단공정에 중점을 두고 있다. 아울러 TSMC의 구마모토 JASM 팹도 차량용 반도체 생산을 목표로 건설된 12nm 이상의 성숙공정이다. 자율주행과 인포테인먼트에 들어가는 AP 칩 등을 제외한 차량용 반도체는 8인치와 성숙공정의 12인치 팹에서 대부분 생산된다.

한편 12인치 파운드리 시장은 IT 시장이 호황이었던 2021년 하반기부터 2022년 상반기까지 100% 가까운 가동률을 기록한 적이 있다. 하지만 2022년 하반기부터 심각한 불황을 맞게 되면서 떨어지기 시작해 2024년 상반기까지 이어지고 있다.

반면 중국 파운드리 기업들은 성숙공정에서 상승세를 이어가고 있다. 중국 시장은 아직까지 성숙공정이 메인이고 팹리스 기업들도 대부분 성숙공정의 칩을 설계하고 있다. 특히 미국의 제재에 따라 첨단공정은 진입이 어려운 상황이기 때문에 중국 정부도 성숙공정의 시장을 먼저 키우겠다는 전략을 구사하고 있다. 이에 따라 SMIC, 화훙반도체 넥스칩 등과 같은 12인치 파운드리 기업들이 수혜를 입고 있다(이들 파운드리 기업은 8인치도 생산하고 있다.). SMIC는 중국 최대 규모의 파운드리 기업으로 중국 정부가 적극적으로 지원하고 있다. 원래 5년여 전부터 EUV 장비를 도입해서 7nm 반도체를 생산하려 하였지만, 미국이 EUV 장비에 대해 중국에 반입을 금지하자 결국 2023년부터

DUV 장비를 사용하여 7nm 반도를 생산하고 있다.

마찬가지로 중국에서 적극적으로 지원하는 화홍반도체는 아직까지 8인치 파운드리 매출이 크지만 앞으로 12인치 파운드리 매출 비중이 30% 이상으로 증가할 것으로 보인다. 나아가 화홍반도체도 정부의 지원을 바탕으로 미세공정을 지속적으로 높여 10nm 이하 공정으로 진입할 가능성이 크다. 아울러 넥스칩은 전 세계 파운드리 기업 순위 11위 정도로 중국 내에서는 3위 기업이다. 2015년 설립된 넥스칩은 허페이시건설투자그룹(合肥市建設投資集團, 상장 후 지분 23.35%로 1대 주주)과 PSMC(台湾力晶科技, 상장 후 지분 20.58%로 2대 주주)가 공동으로 자본을 투자한 안후이성(安徽省) 최초의 12인치 파운드리 기업이다.

성숙공정의 12인치 파운드리 시장은 미세공정이 계속해서 진행되더라도 범용 반도체 대부분을 제조하는 공정이므로 아직까지 메인시장이라 볼 수 있다. 이는 TSMC가 1nm 반도체를 제조하려 계획하면서도 여전히 이 시장을 포기하지 못하는 이유다. 그만큼 앞으로도 많은 기업 간 경쟁이 치열할 것으로 보인다.

첨단공정 파운드리 시장

첨단공정의 기준은 7nm 이하의 칩을 제조하면서 EUV 장비를 쓰는 공정이다. 따라서 일부 파운드리 기업만이 진입할 수 있는 시장이어서 비교적 경쟁이 심하지 않은 반면, 자본력이 매우 중요한 시장이다. 따라서 지금은 TSMC, 삼성전자, IFS, 라피더스만이 진입해 있는 상황이다. 물론 2023년 SMIC도 7nm 반도체를 생산하여 이 시장에 진입해 있지만 미국의 제재로 EUV 공정을 사용하지 못하고 있다.

TSMC의 경우 성숙공정에서 벌어들인 돈으로 첨단공정에 투자하면서 첨단공정에서 경쟁력을 이어올 수 있었다. 반면 삼성전자는 메모리반도체 사업에서 벌어들인 돈으로 첨단공정 파운드리 사업에 투자해 사업을 이어올 수 있었다. 인텔은 원래 시스템반도체 설계와 제조를 병행했으며 최근 제조 부문을 IFS로 분리하여 첨단공정 파운드리 사업에 진입하였다. 그리고 라피더스는 정부 주도로 2027년까지 IBM의 도움을 받아 2nm 반도체를 양산할 예정이다. 아울러 SMIC는 중국 정부의 적극적인 재정 지원으로 2023년 7nm 반도체를 양산할 수 있었다.

따라서 지금의 상황을 보면 첨단공정은 아직도 TSMC와 삼성 파운드리가 시장의 대부분을 양분하는 상황이다. 물론 IFS가 일부 시장을 점유하면서 10위권 내에 들어와 있지만 아직 시장점유율은 높지 않다.

첨단공정 시장에서 파운드리 기업에 가장 중요한 건 바로 생태계와 미세공정 능력이다. 생태계 측면에서 TSMC는 파트너 기업들과 신뢰를 바탕으로 오랜 기간 사업을 영위해오고 있기 때문에 가장 독보적인 기업이라 할 수 있다. 하지만 최근 삼성 파운드리도 생태계를 적극적으로 조성함과 동시에 많은 파트너 기업들을 끌어들이는 데 성공하였다. 이에 따라 파트너 기업의 숫자는 TSMC와 비슷한 수준에 이르게 되었다. 미세화 측면에서는 삼성 파운드리가 TSMC보다 조금 앞서 있다. 삼성 파운드리는 2nm 공정에서도 TSMC보다 빠르게 양산을 진행할 것으로 보인다. 나아가 삼성 파운드리는 이미 GAA 방식의 도입으로 TSMC보다 앞서가고 있다. 하지만 여전히 대부분의 대형 팹리스 고객은 수율이 안정적이며 신뢰할 수 있는 TSMC를 선택하고 있다. 물론 삼성 파운드리가 2nm 공정에서 전세를 역전할 가능성도 있기 때문에 많은 기대를 모으고 있다. IFS를 포함한 라피더스와 SMIC는 사업의 불확실성 때문에 시간을 두고 지켜볼 필요가 있다.

한편 당분간 첨단공정에서는 더 이상 진입할 수 있는 기업이 없는 상황이기 때문에 위에서 언급한 기업들이 이 시장을 과점할 것으로 보고 있다. 첨단공정 시장에서 파운드리 기업들이 얻을 수 있는 장점은 다음과 같다.

첫째, 첨단공정 시장의 성장률이 다른 성숙공정 시장의 성장률보다 높아 큰 수혜를 볼 수 있다. 특히 AI, 자율주행차, HPC, 6G 등과 같은 시장은 앞으로 4차 산업의 발전과 함께 크게 성장할 것으로 보이기 때문에 첨단공정 파운드리 기업들이 많은 수혜를 볼 것으로 예상된다.

둘째, 첨단공정 파운드리 기업들은 높은 서비스 가격으로 큰 이익을 취할 수 있다. 첨단공정 시장은 기본적으로 고가 정책과 더불어 고마진이 가능하다. 파운드리 기업들이 적은 반면, 팹리스 기업을 포함한 빅테크 기업과 완성차 기업의 수요가 많기 때문이다.

셋째, 시간이 가면 갈수록 성숙공정의 수요가 첨단공정의 수요로 점진적으로 이동하기 때문에 시장이 커지는 이점을 누릴 수 있다. 우리가 아는 바와 같이 기존 IT 제품과 전자 디바이스는 지속적으로 성능을 업그레이드해야 한다. 그러기 위해서는 반도체의 미세화를 지속적으로 진행해야 하는 것이다.

한편 AI, 자율주행차, HPC와 6G 등의 애플리케이션 수요가 늘면서 관련 칩을 생산하는 파운드리 기업의 생산 캐파도 빠르게 늘어날 것으로 보인다. SEMI는 2026년까지 고부가 제품을 생산하는 12인치 파운드리 캐파 증가율이 연평균 13%에 이를 것으로 보고 있으며, 삼성 파운드리 역시 첨단공정 중심으로 파운드리 시설투자(CAPEX)를 늘리겠다는 계획을 내놓은 상태다.[22] 그리고 TSMC는 대만을 포함하여 미국에 첨단공정 팹을 건설 중일 뿐만 아니라 일본에도 7nm 이하 첨단공정 팹을 건설할 예정이다. 나아가 IFS도 미국 정부의 적극적인 지원에 따라 애리조나와 오하이오(Ohio)에 첨단공정 팹을 건설하고 있으며 EU 지역에도 첨단공정 및 패키징 팹을 건설하고 있다.

앞으로 첨단공정 파운드리 기업들은 4차 산업의 성장에 따라 새로운 애플리케이션에도 첨단 반도체를 제공할 것으로 보고 있다. 따라서 이 시장의 파운드리 기업들은 다른 시장의 파운드리 기업들보다 빠른 성장을 보일 것으로 전망된다.

---

22 김평화, [피스앤칩스] 파운드리 시장, 내년부턴 20% 가까운 성장 기대, 아시아경제, 2023년 11월 6일(https://v.daum.net/v/20231106072653132)

각 파운드리의 주요 제품과 타깃 애플리케이션 (Target Application)

반도체 산업은 철강 산업과 같이 어느 일정 수준까지 성장한 후 더 이상 성장하지 않는 산업과 달리 지속적으로 성장하는 산업이다. 반도체가 사용되는 새로운 애플리케이션이 지속적으로 생기기 때문이다. 따라서 반도체 산업은 다른 산업들과 달리 미래 성장성에서 차이가 있다는 점을 주의 깊게 볼 필요가 있다.

특히 반도체 산업은 우리의 일상생활과 밀접하게 연관된 산업이기 때문에 그동안 경기 불황으로 인해 반도체 산업도 큰 영향을 받을 수밖에 없었다. 다행스럽게도 현재 시점으로 보면 반도체 산업의 불황이 조금씩 끝나고 있고 반도체 산업에 대한 기대감도 높아지고 있다. 나아가 반도체 산업은 호불황에 따라 등락이 있지만 장기적으로 보면 우상향하는 산업이다.

특히 파운드리 분야의 성장률은 다른 반도체 분야와 달리 매우 높은 편이다. 물론 2023년에 불황으로 인해 파운드리 분야도 역성장하였지만 다른 반도체 분야보다 선방한 편이다. 2024년부터 파운드리 분야도 본격적인 성장세에 접어들 것으로 보인다. 특히 4차 산업이 본격적으로 발전하기 시작하면 파운드리 기업들도 빠르게 성장할 것으로 보고 있다. 참고로 파운드리 시장은 상위 10개 기업이 차지하는 비중이 95% 이상으로 이미 주요 플레이어들이 시장을 잠식한 상황이다.

한편 앞에서 언급한 각 분야의 파운드리마다 제품과 어플리케이션이 다르다. 그럼 각 분야별 파운드리 시장에서 생산하는 제품과 애플리케이션이 어떻게 다른지 살펴보도록 한다.

먼저 8인치 파운드리 시장에 대해 알아보도록 한다. 8인치에서 생산되는 제품은 주로 MCU, DDI, 전력반도체, 이미지센서 등과 같은 아날로그 반도체들이다. 이 제품들은 주로 8인치에서 생산하는 게 유리하다. 다품종 소량생산으로 자동차에 많이 쓰이기 때문이다. 코로나19가 한창인 시점에 차량용 반도체 수급난이 발생되어 이들 차량용 반도체가 제대로 공급되지 못해 자동차를 생산하지 못하는 지경에 이르기도 하였다. 특히 MCU의 수급난이 가장 심각해 가격이 폭등한 적도 있었다. 물론 지금은 과거보다 크게 나아지고 있지만 전기차를 포함한 자율주행차의 침투율 증가로 인해 차량용 반도체 수요가 급증하면 언제 다시 과거의 사태가 재현될지 모른다. 아울러 모빌리티 시대가 우리에게 더 가까이 오게 되면 차량용 반도체 수요는 더 커질 수밖에 없다. 따라서 8인치 파운드리 수요는 앞으로도 오랫동안 없어지지 않을 것으로 보인다. 특히 SiC와 GaN 같은 화합물 전력반도체는 주로 6인치와 8인치 웨이퍼로 생산하고 있다. 그리고 화합물 전력반도체는 기술이 발전하면 6인치에서 8인치로 이전할 것으로 보이기 때문에 나중에는 8인치가 메인이 된다. 특히 전기차의 인버터, 컨버터와 BMS 등에 전력반도체가 많이 쓰이게 되므로 화합물 전력반도체의 수요가 크게 늘어날 것으로 보고 있다. 8인치 파운드리 수요가 늘어날 수밖에 없는 이유다. 나아가 SiC반도체는 주로 전기차에 많이 쓰이지만 GaN반도체는 전기차뿐만 아니라 소비자 가전, 통신, 에너지, 우주항공 등에도 많이 사용된다.

다음은 성숙공정의 12인치 파운드리에서 어떤 반도체를 만들고 애플리케이션은 무엇인지 알아보도록 한다.

사실 성숙공정의 12인치 파운드리 기업은 대부분의 전자제품에 범용으로 많이 쓰이는 반도체를 생산하기 때문에 반도체의 종류가 매우 다양하다. 8인치 웨이퍼에서 생산되는 아날로그 반도체와 첨단 반도체를 제외한 모든 반도체이기 때문에 애플리케이션도 매우 다양하다. 불과 10년 전만 해도 거의 대부분의 반도체는 성숙공정의 12인치 파운드리에서 만들었다고 해도 과언이 아니다.

이에 따라 12인치 성숙공정에서 가장 많은 반도체를 생산하고 있다. 그리고 TSMC와 삼성 파운드리를 포함한 대부분의 파운드리 기업은 12인치 성숙공정의 사업을 진행하고 있다. 시장이 가장 크기 때문에 사업을 하지 않을 수 없는 것이다. 아울러 시간이 지남에 따라 미세화가 지속적으로 진행되면 성숙공정은 첨단공정으로 조금씩 넘어가지만, 8인치 파운드리가 성숙공정의 12인치로 넘어오기 때문에 시장은 절대 축소되지 않을 것으로 보고 있다.

지금 성숙공정의 칩이 가장 많이 사용되는 애플리케이션은 각종 전자제품이다. 거의 대부분의 전자제품에 성숙공정의 칩이 들어가고 있다. 그리고 새로운 분야로도 지속적으로 확장되고 있다. 성숙공정의 칩이 들어가는 4차 산업 분야로는 디지털 헬스케어(Digital Health Care), IoT, VR(Virtual Reality)/AR(Augmented Reality), 자율주행차, 로봇, 각종 스마트 애플리케이션(스마트 홈, 스마트 시티, 스마트 공장) 등이다. 이 외에도 대부분의 4차 산업 애플리케이션에 탑재될 것으로 보인다.

마지막으로 첨단공정의 파운드리에서 어떤 반도체를 만들고 이들 반도체가 어디에 사용되는지 알아보도록 한다.

첨단공정은 매우 자본 집약적이고 기술의 난이도가 높아 진입할 수 있는 기업은 한정된다. 그렇다 보니 제품이 한정되어 있고 애플리케이션도 아직까지 많지 않은 편이다. 첨단공정 분야는 칩의 미세화 기술이 가장 중요할 수밖에 없기 때문에 가장 첨단 애플리케이션에 사용되고 있다. 예를 들면, 스마트폰, HPC, AI 서버, 자율주행차 같은 애플리케이션이며 탑재되는 대표적인 칩은 CPU, GPU, AP다. 이들 애플리케이션은 얼마나 미세화된 칩을 탑재시키느냐에 따라 디바이스의 성능이 결정되기 때문에 칩을 생산하는 파운드리 기업은 미세화에 목숨을 걸 수밖에 없다(물론 패키징 방법의 고도화로 칩의 성능을 높이는 방법도 있지만 이는 근본적인 해결방법은 아니다.).

미래 시장은 더욱 성능이 우수한 칩을 기대한다. 그리고 성숙공정의 칩이 첨단공정의 칩으로 점진적으로 전환되기 때문에 시장은 커질 수밖에 없다. 이런 이유로 첨단공정 파운드리는 성숙공정 파운드리보다 성장률이 크게 높다. 나아가 앞으로 4차 산업도 지속적으로 발전함에 따라 첨단 칩이 많이 필요하기 때문에 시장은 더 커질 수밖에 없다.

지금까지 3가지 파운드리 분야에서 사용되는 칩의 종류와 시장에 대해 알아보았다. 대표적인 파운드리 기업인 TSMC는 3가지 분야에서 모두 파운드리 사업을 진행하고 있다. 이에 따라 고객의 종류가 다양할 뿐만 아니라 고객의 숫자도 가장 많다. 그리고 2위인 삼성 파운드리도 3가지 분야 모두에서 파운드리 사업을 진행하고 있지만 첨단공정에 중점을 두는 점이 TSMC와 다르다. IFS는 12인치 성숙공정과 첨단공정 파운드리를 진행하고 라피더스는 첨단공정에 중점을 두고 있다. 나머지 파운드리 기업들은 8인치 아니면 12인치 성숙공정을 진행하고 있다(물론 8인치와 12인치 성숙공정을 진행하는 기업도 있다.).

앞으로도 시스템반도체 분야에서는 파운드리 기업들이 주도권을 갖게 될 것이다. 아날로그 반도체 IDM 기업들도 팹라이트 추세에 따라 파운드리 기업에 위탁하여 생산하는 경우가 늘고 있다. 뿐만 아니라 빅테크 기업, 완성차 기업과 IT 기업들까지 자체 칩 설계로 파운드리 수요를 증가시키고 있기 때문에 파운드리 기업들의 입지는 더욱 강화될 것으로 전망된다.

에필로그

지금까지 파운드리 산업에 대해 전반적인 내용을 구체적으로 알아보았다. 지금 파운드리 산업은 한 국가의 명운이 걸려 있을 정도로 중요한 산업이 되었다. 특히 대만을 포함한 미국, 중국, 일본, EU와 한국 등 많은 국가가 파운드리 산업 육성에 국가의 운명을 걸고 있다. 그만큼 어느 국가든지 파운드리 산업이야말로 미래를 주도할 중요한 키라고 할 수 있다.

최근 반도체 산업에서 전문 반도체 기업이 IDM 기업보다 우세를 보일 정도로 반도체 시장이 급변하면서 전문 반도체 기업들이 주목받고 있다. 특히 그동안 파운드리 기업들의 성장세가 눈에 띄게 나타나고 있다. 지금까지 파운드리 기업들이 시장에서 어려움을 겪은 적이 있지만 시장에서 퇴출된 기업은 거의 없다. 그만큼 파운드리 사업은 어느 정도 사업의 기반을 구축하면 지속적으로 안정적인 비즈니스를 진행할 수 있다. 따라서 파운드리 사업이야말로 처음 진입하기 어렵다는 단점만 극복할 수만 있다면 매우 매력적인 비즈니스인 셈이다.

특히 대만은 거의 파운드리 산업만으로 한국의 경제를 넘어설 정도로, 전 세계적으로 대만 파운드리 산업의 영향력이 막강하다. 이미 TSMC가 삼성전자의 반도체 부문 전체를 합친 것보다 실적이 우수한 것만 보아도 알 수 있다. 이외에도 대만에는 상위 10위권 내 파운드리 기업이 3개나 포함되어 있다.

나아가 앞으로 파운드리 분야의 성장성과 영향력은 다른 반도체 분야보다 클 것이라는 점을 예견할 수 있다. 따라서 미래의 반도체 산업에서 파운드리 분야가 중요한 역할을 할 것으로 보이고 파운드리 기업의 성장 없이 반도체 산업의 성장은 불가능하다는 것을 충분히 알 수 있다.

마찬가지로 한국도 파운드리 산업이 한국의 미래를 이끌어나갈 것으로 보고 있다. 만약 2030년까지 삼성 파운드리가 TSMC를 따라잡을 수 있는 순간이 오게 된다면 한국의 반도체 산업뿐만 아니라 경제도 크게 도약할 수 있을 것이라 확신한다. 설령 2030년까지 삼성 파운드리가 TSMC를 따라잡지는 못할지언정 격차만이라도 크게 좁힐 수 있다면 분명 그때 한국의 상황은 지금보다 훨씬 나아질 것이라고 생각한다.

결론적으로 앞으로 삼성 파운드리가 얼마나 크게 성장할 수 있느냐에 따라 한국 반도체 산업의 미래가 달려 있을 뿐만 아니라 한국 경제에 질대적인 영향을 미친다고 해도 과언이 아니다. 특히 앞으로 파운드리 분야는 매년 10% 이상 성장하는, 여전히 블루오션(Blue Ocean)과도 같은 산업이다. 더욱이 삼성 파운드리가 중점을 두는 첨단공정 파운드리 사업은 성숙공정 파운드리 사업보다 성장성이 높고 새로운 플레이어가 더 이상 진입하기 쉽지 않은 상태다. 이런 이유로 삼성 파운드리는 급성장하는 시장에서 많은 수혜를 볼 것으로 기대된다.

본 책에서는 파운드리 산업의 전반적인 내용을 살펴보고 파운드리 기업들의 비즈니스 현황도 알아보았다. 앞으로 파운드리 산업이 어떤 식으로 발전할 수 있는지 독자들에게 구체적으로 알릴 기회가 되기를 바란다.

본 책을 통해 파운드리 분야에 종사하는 사람들뿐만 아니라 반도체 산업에서 근무하는 사람들에게도 여러모로 도움이 되길 바란다. 나아가 반도체 산업에 새롭게 진입하려는 사람들뿐만 아니라 반도체 분야에 관심이 많은 주식

투자자들에게도 큰 도움이 되었으면 하는 희망을 가지고 있다.

　마지막으로 이 책을 세상에 알릴 수 있게 도움을 주신 비즈니스플랫폼연구소 엄재근 박사님께 감사의 말씀을 전하고 싶고 사랑하는 가족들에게도 감사를 드린다.

DX 시대 리더가 꼭 알아야 할 파운드리 반도체의 세계

발행 2024년 6월 10일

지 은 이	권영화
펴 낸 이	김주연
북디렉팅	엄재근
기획편집	그린팰스
디 자 인	M.S.G.
펴 낸 곳	지식플랫폼
출판신고	2017년 5월 19일 제2023-000049호
주 소	서울시 금천구 벚꽃로 286, 507호
이 메 일	bookplatform@naver.com
팩스번호	02-6499-4370

ISBN 979-11-88910-84-7(03320)

책값은 뒤표지에 있습니다.
잘못된 책은 구입하신 곳에서 바꾸어 드립니다.
저작권법에 의하여 보호받는 저작물이므로 무단 전재와 무단 복제를 금합니다.